U0033219

大學堂叢書

人文修養・通識必讀

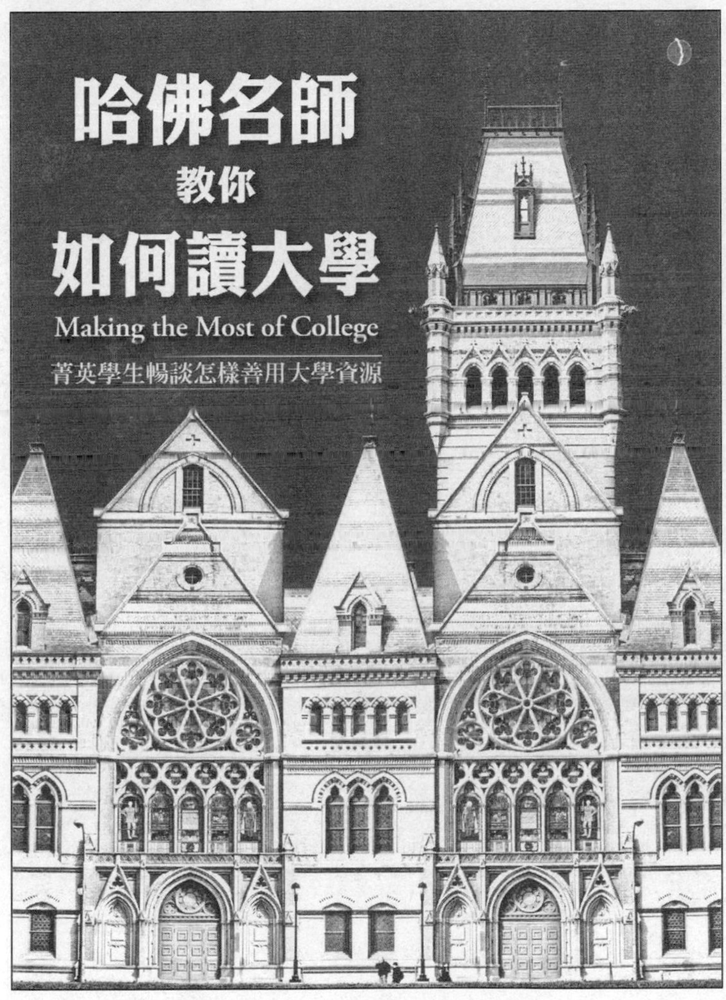

作者◎理查・萊特 Richard J. Light

譯者◎趙婉君

本書所論，除了明確的觀點，還有豐富生動的實例，使我們宛如看到年輕的大學生是如何成長的，從立定志向，到變化氣質，再到培養風格。畢業時，所造就的不僅是各科各系的年輕專家，也是頭冷心熱、理性而友善的知識分子。這樣讀大學，才是真正值得！

台灣大學哲學系教授
傅佩榮

萊特先生對教育與學習不但關心，且深諳箇中三昧。他説，我們應該傾聽學生們的忠告，而我則説，我們應該傾聽萊特教授的建言！這是一本道盡精微洞見與高妙方針的寶貴書籍，引導學生如何以齊心協力的方式增進學習。萊特教授的這本書，是每位關心學子與其學習過程的人不可錯失的寶典——且看他和一群學生們，將傳授給我們什麼樣的武功秘笈。

州立大學暨土地計劃大學國家聯盟主席
彼得・瑪格瑞斯（C. Peter Magrath）

《哈佛經驗：如何讀大學》是一本精湛絕倫的好書，對學生和老師均能提供實質的幫助。本書貼近審視學生的學習方式；加上學子的心聲漫談、作者的親身經歷，以及其他老師們的寶貴意見，構築了一段繽紛多彩的大學體驗。這是我必買而且必用的一本書；感謝理查・萊特的悉心與創意，其不僅是一位老師，更是一位老師中的老師。

加州柏克萊大學教授
馬丁・特羅（Martin Trow）

〈序〉理性、友善與多元的哈佛

台灣大學哲學系教授
傅佩榮

「哈佛大學」之名，可謂如雷貫耳，大家都知道它代表了第一流大學，但是未必清楚它如何保持卓越地位，以及如何造就學生。據說哈佛大學校長有一個行之已久的作風，就是在全世界任何地方遇見第一流學者時，就會開始尋思：「他爲什麼沒有在哈佛教書？」然後想盡辦法挖角。以「挖角」來描述哈佛或美國許多大學對教授的禮聘，並無任何不敬之意，反而彰顯了求才若渴的用心。

教授陣容傑出，自然吸引優秀的學生。不過，重要的不是學生入學時的水平，而是學生如何在短短的四年之內脫胎換骨，接受了最佳的高等教育，成爲社會的中堅份子與領袖人物。隨著《哈佛經驗：如何讀大學》的出版，我們得以看到其中的秘訣。這眞是一件讓人振奮的事。作者在哈佛執教三十年，長期與二十多所大學的六十幾位教職員，定期聚會討論。其焦點有二：一，學生如何安排大學生活，才會受益無窮？二，大學教職員如何協助學生達成上述目標？

那麼，如何讀大學，才算是成功呢？首先，要有整體觀。把大學四年當成一個完整的心路歷程，在知識的國度探險，並且在畢業時可以告訴自己：眞是不虛此行。以念書來說，它固然是受教育的主要內容，但是如果不能學會自行探問及思考，不能與人有效討論並孕生見解，終究只是一個書呆子而已。對生活作整體規劃，所指的是一天二十四個小時，包括食衣住行育樂，都要逐漸塑造自己的風格。於是，隨之出現的條件是時間觀。

對時間的分配與管理，無疑是人生成敗的關鍵。大學生平均每週上課十二小時，溫習功課三十小時，課外活動二十小時，這是哈佛學生的時間設計，其特色是：每上一小時的課，要溫習二・五小時；並且，課外活動包括必要的打工賺錢以及參加藝文集會等。我們看到這種安排所顯示的三部曲，就是：學習、消化與應用。如此，周而復始，自然可以精益求精了。上課有大班與小班二種。大班是導論或通識，多到數百人齊聚一堂，可以欣賞教授的口才與推理；小班以十五人爲準，在老師的精心設計下，對預定主題作正反立場的討論；然後，還有五、六人爲一組的課後讀書小組，對所有教材作深入研討。

校園所展現的氣氛是理性、友善與多元的。來到大學的人，都很清楚自己的目的。哈佛大學的校訓是「眞理」，簡單一個拉丁字「Veritas」，就道盡了一切。只有依靠理性的運作，才能接近眞理；有幾分依據說幾分話；不同的意見不但不會引起敵視的態度，卻反而成了擴充視野的契機。大家有上進之志，在眞理之前都成了友善的同伴。至於多元化，則是美國這個多元民族大熔爐的得天獨厚之處。許多學生發現，上了大學才懂得尊重了解欣賞不同族群及不同信仰的人。只有在理性與友善的基礎上，多元化才有可能轉成正向的力量。大學生通過這一關的考驗，就無愧於我們所謂「大人之學」的要求了。

我們希望建立優質的校園文化，那麼先要了解它所包含的因素，就是：一，大學本身的歷史傳統；二，教師們的價值觀；三，學校當局的領導才能；四，學生們的期望。其中第三項是個變數，本文前述哈佛校長挖角的用心，正是一個例證，由此可以見微知著，明白第一流大學的負責人如何扮演自己的角色。我們在感嘆自己的大學重視大樓甚於重視大師時，不覺特別嚮往本書所描繪的種種。

台灣各大學都在努力提升品質，所用的方法與策略卻未必有效。現在，「哈佛經驗」陳列於眼前，怎能不令人想要取法乎上呢？本書所論，除了明確的觀點，還有豐富生動的實例，使我們宛如看到年輕的大學生是如何成長的：從立定志向，到變化氣質，再到培養風格。畢業時，所造就的不僅是各科各系的年輕專家，也是頭冷心熱、理性而友善的知識分子。這樣讀大學，才是眞正值得！

哈佛名師教你如何讀大學

（原書名：哈佛經驗：如何讀大學）

【目錄】本書總頁數共320頁

3 學生的錦囊妙計

4 立竿見影的課程模式

從入門說起

Introduction

為什麼有些大學生覺得他們的大學生涯過得淋漓盡致，而有些大學生卻覺得乏善可陳呢？是什麼樣的選擇與態度，造成這兩種南轅北轍、截然不同的觀感？到底大學生自己與各大專院校，可以從什麼地方著力，使學生們到了畢業那天，能夠眞心地說：「來此所求圓滿，果眞不虛此行！」

在大學已經任教三十年的我，每年總會面臨一群新的年輕學子，而這些問題也總會在我的腦海裡再次駐足。我所思考的是，在這些年輕小伙子踏入校門之際，我有什麼金玉良言可以奉告，好幫助他們盡情地度過大學時光？

同時，我也在忖度著，我與大學裡的同仁之間，有什麼心得感想可以做爲彼此的借鏡？對於如何讓學生的學習更有效率，任何一位執教過一段時間的老師，都可以在這類爭論中指出別人的瑕疵來。同仁們和我也總是費盡心思想提供給學生們最好的意見，並運用在課堂上，甚至是戶外教學上。其中有不少人關注如何提升校園生活品質的議題，特別是在種族與族群日益分歧的現代校園裡。老師們要想面面俱到地做好這些份內工作，著實不是一件輕而易舉的事。欲將良法美意付諸實行，勢必遭逢永無休止的挑戰。

數年前，我曾出席一場由五十多所大專院校的教職員以及資深行政人員共同參與的盛會。每一位受邀的來賓，皆代表自己的學校提出意見。到底大學的教職員、各院院長以及指導教授們，對於塑造學生們在大學裡的整體經驗，應該負起什麼樣的責任呢？問題不只是課堂裡的教學，而在於整體經驗！

首先發言的，是來自一所知名學府的院長前輩。他志得意滿地宣稱，他和同仁們只允許優異的學生入學，然後竭盡心力於「避免擋住他們的去路」。「學生們多半是從彼此之間學習的，」他如此辯解道，「我們切莫搞砸了這個過程才好。」

再過不久，我的女兒就要開始考慮該上哪所大學了，如此的說法恰恰與我衷心期盼的背道而馳。我來參加這場會議，原本希望可以聽到其他大專院校說明如何幫助學生順利達成目標。我期待聽到校園裡的領導者，如何竭盡所能地改善教學與輔導工作，以及增進學校生活的整體品質。我想知道校園裡的每一個機構，如何幫助學生將課業做得更好。誰知我所聽到的，竟是一位來自一流大學的資深教員振振有詞的驚人策略：網羅優秀學生，然後放牛吃草。

這說法讓我永生難忘。它促使我深入思考，無論是莘莘學子，或是行政人員和教職員，可以下定什麼決心，使他們的大學生活盡善盡美呢？自從那次會議後，我便有計劃地探索這個問題，如今這項工作已經持續十年之久。我相信我們已經獲致某些鼓舞人心的答案。此外，在參訪了九十多所大專院校，並經過重要觀念的交流之後，我有把握這些答案可以普遍運用在大部分的美國學校，甚至包括許多與我任職的學校差異頗大的地方。

在這本書中，我將把多年來對於兩大問題的研究，提出綜合性的成果報告。首先是，學生們可以做什麼樣的選擇，好從大學中得到最大的收穫？其次是，學校裡的教職員以及領導者，能用什麼方法有效地將他們的善意付諸實行。

多年來，來自二十所以上的大專院校、爲數超過六十位的教職員，總是定期地聚會——爲了設計出一些方法來解決這類問題。無論是教職員或是學生，始終致力於追求此一目標；如今，許多細節已經順利達成。強而有力的結論脫穎而出，並且開始影響哈佛大學與其他學院的授課、學習、諮詢輔導狀況，以及學生們的住宿品質等。我將在這本書中告訴你們，我們發現到了什麼瑰寶。

全書綱要

以下每一章的重點，都將鎖定學生們在大學裡必須面對的選擇。透過與學生訪談，我了解到有些學生的選擇極爲慎重、果決，其他學生的態度則是漫不經心，缺乏思考與計劃。兩者所造成的影響，往往十分深遠。有不少學生在畢業當天會說：「當初要是沒這麼做的話，肯定不會有今天的結果。這個經驗簡直棒透了！」不幸的是，有少部分學生怨聲載道地說：「回頭已是百年身，來不及了！」

校園生活中不同元素之間強而有力的交互作用，是我與學生的訪談所發現的一個重大主題。無論是課程的選擇、意見的提供，或是住宿生活，都不是各自獨立、互不相涉的；事實上，它們構成了一套環環相扣的體系。舉個例子來說，現代校園裡所展現的種族多元風貌，與學生們決定要和什麼人生活、相處息息相關。在第二章中，我將提出將這些不同的元素融冶於一爐、兼容並蓄的論點。同時，在這個章節裡，我也將提供一套有系統的準則，幫助學生們思考「如何增進大學生活的意義」。

在第三章裡，我將給學生們一些特別的建議，好處理那些可預期的問題。比方說，怎樣才能有個好的開始？打工賺錢會不會影響學業？假如需要的話，有什麼好方法可以得到幫助？關於選擇住宿地方，有什麼是應該考慮的？

第四章主要探討，爲什麼學生們覺得某些課程特別值得回憶？在此先暗示一下：答案與教授淵博的學問沒有太大關係，班級大小似乎也無啥關聯，甚至與上課的時間是不是在上午十點以後，同樣無關緊要。

第五章將特別提出一些有用的建議。學生們一再指出，得到富有建設性且針對個人量身訂做的建議，是擁有美好大學體驗最重要的因素，但卻被漠視了。

在第六章中，我會整理出一些學生們提及某些教職員如何改變他們一生的內容。有趣的是教職員對學生們的影響之鉅，往往超出他們的理解。我殷切期盼各大專院校的學生們，可以好好思索一下，如何尋得那些足以發揮正面與積極作用的教授。

第七章和第八章，將探討校園裡組成分子劇烈轉變所帶來的衝擊。這豐富多元的新氣象，帶來了喜悅、恐懼、衝突以及新的契機，並促使校方舉行無數次會議來加以討論。這兩章將從學生們的觀感出發，以了解種族多元化的新局面，如何影響他們的學業，無論是在教室內或在教室外。

從這兩章中浮現出來的是，過去我們對於背景不同的學生一塊學習、工作與遊戲所達到的教育效果，往往做出錯誤且不甚有用的普遍結論。事實上，種族與族群的分歧，不但可以且經常提升課堂上與課堂外的學習。對此，學生們所舉出的實例是肯定遠多於否定。不過有少部分學生，無論他們的背景爲何，偶爾還會遇到一些小問題，顯示出種族的差異對他們個人而言，在某些特定的情況下，仍會形成一些負面作用。

如此琳琅滿目的故事中，也夾雜著一些政策上的建議，這些針砭之語不僅是向其他學生提出，更是針對校園裡的領導者而來。在這兩章中，我們將清楚看到，校園政策的枝微末節，無不具有重要的影響力。大學裡的領導階層，包括學生代表等，對於創造一個優質的學習環境——一個能夠將族群差異的好處發揮到最大，而將彼此衝突減至最低的環境——皆有許多可以努力的地方。

每位學生都有故事可說；然而滙整起來，他們的故事卻顯示了某些共同的主題。舉例來說，來自不同種族的許多學生們都表示，在大學裡，族群差異爲他們帶來不少愉快的經驗，這顯然與他們在高中時的負面評價不同。許多學生很清楚，爲何這兩個環境下的經驗差別竟然如此大，他們所提出的理由不但頭頭是道，而且令人折服。因爲這兩種經驗有如天壤之別，促使他們不得不對其他學生以及大學的領導者，提出一些肺腑之言。在這些建言當中，「住宿上的安排」佔有非同小可的重要性，因爲有許多絕佳的學習機會，是在宿舍裡的人際互動中產生的。

第九章則是學生們針對校園領導者提出的建議。在此令人大開眼界的是，學生們是多麼汲汲於從行政人員、教務長、住宿組主任，甚至各院院長的手中，尋求一些掌控權。其實大部分的學生，並不希望我們只是允許他們入學，然後「避免擋住他們的去路」。幾乎所有的學生，在大學生涯當中，都不免遇到「如願以償」或「灰心失意」這兩種情況，因此他們理所當然會希望，管理階層能夠有計劃地使前者增加，而使後者減少。有些學生們的意見，是不費吹灰之力就可以實行的。不過偶爾有一、兩個意見，仍需要某種程度的勇氣才行。

向學生們學習

儘管我是個十分重視統計數字的人，然而，某些動人的私房故事所夾帶的力量，仍然令我深受感動。在本書中，我選擇直接引述學生們的談話來闡發每一個重點。不少人勸我應該蒐錄某些特定的故事，他們認爲這些故事對於未來的大學生將有所助益。這一類的故事如今都在這裡了。我對引文做了些修潤，刻意避免掉「嗯」、「啊」之類的用語，減少不必要的贅詞，並且經由學生們的同意，偶爾會將散亂的故事變得緊湊一些，好讓重點能更清楚地浮現。

這些故事都是從哪兒來的呢？這本書中所有的寶藏，都是從深度訪談中尋獲的。同仁們和我一樣想知道什麼對學生最受用，並認爲應該開門見山地請教他們。所以，我們就這麼做了。在這次的努力下，總共有爲數超過一千六百位的學生接受訪談，其中許多人不止訪談一次。有部分學生是由同仁們負責約談的，我自己則訪問了四百位。另外還有一些訪問交由大學生進行，這些學生皆經過同仁嚴格的訓練與監督。訪談長度則從一小時到三小時不等。

相較於大規模、選擇題式的問卷調查，這類一對一式的訪談描繪出迥然不同的面貌。身爲一位統計學者，我知道在許多情況下，選擇題式的問卷對蒐集資料來說是絕佳的工具。事實上，我有一堂課就是在探討這個主題。然而，眼前的這項研究，一對一式的訪談較爲深刻而且豐富，不是任何選項式的問卷調查表可比擬的，無論這些問卷的設計有多麼完備。

理由之一是，個人的訪談較周延而仔細。要學生們評斷哪一門課對他們的思想有重大的影響是一回事；然而，這門課為什麼會有如此大的影響力？這堂課究竟是怎樣安排的？以及其他的老師和學生們，是否也能從中憑藉自己的努力得到好處？這些問題的答案對我們來說，才更有用。若是一位學生，可以提出更多的說明來支持一個論點，那麼該論點對於其他學生來說，將會更加完善，並且更有幫助。

就我個人而言，能與四百位學生進行訪談，的確深感與有榮焉。每一位哈佛大學的學生，都非常有主見；而他們對於校方，也都寄予厚望。幾乎所有的學生都是殷勤懇切、積極向上的；幾乎所有的學生，都很快地一頭栽進去，因而過於投入。最令人高興的是，幾乎所有的學生都可以提出一些建議，以改進大學裡學術與非學術層面的問題。他們總是一再地質疑：我們做了些什麼？他們做了些什麼？事情如何做得更好？以及在這個要求嚴苛的團體裡，他們的付出與所得又是什麼？而他們的信念，正在改變著我與許多同仁們，對於教學和諮詢工作上的思維方式。

發現與驚喜

我殷切企盼，凡是讀過這本書的學生，皆能從中汲取更多有用的資訊。這些根據學生們親身體驗所蒐集來的意見，無論經驗本身是好、是壞，對於學生們在思索如何下決定時，都是極有幫助的。比方說，在選課以及挑選授課老師的時候，應該留意哪些細節？和指導教授之間，如何才能產生最有效率的互動？而在安排住宿事宜上，應該考慮哪些問題？又要如何才能妥善地分配時間？關於這些問題，我們所訪談的學生都能提出一些看法。

從學生身上得到的意見，部分與我們原先的預想相去不遠，然而有一部分見解讓人喜出望外，至少對我而言是如此。以下我先提出九個新的發現，這只是讓讀者們淺嘗一下而已。

首先，我原本以為，最重要也最令人難忘的學術課程，理應在教室內進行，教室外的活動雖有其效益，仍不過是成果有限的輔助方法。不料，結果證明恰巧相反：教室外的學習，特別是在住宿環境與課外活動（例如藝文活動）中所得到的成長，反倒佔有極大的份量。當我們請學生回想：哪一個特定事件，或是哪一段關鍵性的時刻對他們造成非同凡響的改變？其中有五分之四的學生，都指出是在教室外發生的情境或事件。

其次，我原本期待學生們會比較喜歡可以按照自己步調來進行的課程，換句話說，就是那些小考與大考的次數較少，而作業又可拖到學期結束才繳交的課程。但我又錯了。大部分的學生都表示，他們在那些規定嚴格、小考不停、作業不斷的課堂中，明顯有更多收穫。學生喜歡這種課程的一大原因是，他們可以迅速地得到教授的回應——沒有意外的話，學生們可以因此在學期成績定奪前，獲得修正與改進的機會。相形之下，「一篇報告定江山」的課程，往往讓學生們感到失望沮喪。他們心裡納悶，倘若非要等到課程結束之後，才能得到教授們唯一一次的回應，在這種沒有任何修正機會的情況下，他們要從何改進呢？

第三個意外的發現，與家庭作業有關。許多年前當我還是大學生時，幾乎每一位教授都會告知，要獨立完成自己的家庭作業；如果我和其他同學一塊討論問題或論文，便算是作弊的行爲。然而，今日的許多學校，教授們越來越鼓勵學生齊心協力完成作業。某些教授甚至會在課堂上組織研究小組，幫助學生們能夠在課堂外彼此分工合作。

有些教授指定的作業困難且複雜，部分學生向他們表示唯有透過分工合作的方式才有辦法完成。爲了能夠完成這類作業，學生們必須攜手合作、分攤閱讀，然後在下課後找時間碰面，以便相互切磋。許多學生透露，這類作業不但可以增進學習效果，也加深了他們與同學間的凝聚力。實際上，完成這類作業時也在進行一場文化上的交流，此教學法正在美國各大校園裡推展開來。

第四個發現是：學生們不斷地提出，班級的大小對於學術發展具有莫大的重要性。無庸置疑，人數較少的輔導課，或是小型的專題研討課，以及一對一式的指導，皆爲許多學生帶來極佳的體驗。出乎我意料之外的是，當我要求學生們指出一項特別重要或特別深刻的大學體驗時，某些學生居然選擇那些**不計學分**的自修實習課程。「自修」這個字眼被用在許多方面，而我們所訪談的學生都很清楚有效率的自修應具備的要件是什麼。主要的觀念是，學生們必須有自己的學習計劃，在某一位教員的指導下逐步實行。換言之，他們所遵循的並不是教授所擬定的計劃，而是必須面臨一項全新的挑戰，亦即如何發展自己的計劃，並應用在他們關心的課題上。

第五個發現是：對大部分的學生來說，人種與族群的多元性，爲他們的大學經驗帶來極爲強烈的衝擊。學生們以壓倒性的多數認爲它所造成的結果是正面的，因爲如此一來，他們便可從背景不同的學生身上開拓更寬廣的視野，無論這些學生在種族、地理位置、政治立場、宗教，或是經濟條件上有何不同。然而許多人也指出，從背景不同的學生身上學習，不見得會自然而然地發生。在這當中，校園裡的氛圍，特別是住宿生活的安排上，具有非同小可的重要性。

諷刺的是，即便是最快樂的學生，對於人們常說多元融合的好處等陳腔濫調也不免嗤之以鼻。大部分的學生都有過不愉快的經驗與尷尬的處境，有時甚至更糟。他們不約而同地表示，唯有在某些先決條件下，「好事」才會眞正發生。不過他們透露出一些好消息——那就是，這些先決條件是校園的領導者可以掌握的。對於塑造一個能夠讓多元族群增進學習機會的環境，校園的領導者的確有許多可以努力的地方。

第六個發現是：那些在大學裡獲益最多、學術成長最大、生活最愉快的學生，往往很會安排時間和老師以及其他同學進行與重要學術有關的活動。這點對於部分學生來說，簡直難如登天。要與老師或同學就重要的學術功課進行深度的互動往來，並不是一件自然而然的事。所幸大部分的哈佛學生，都相當成功地學會了這點；無論是指導教授或是其他教職員，都能夠使這個過程更爲順暢。

第七個發現：學生們的寫作慾望強烈，著實讓我大感意外。人人都想寫得一手好文章，這是我想像得到的，但我不知道，竟然有這麼多學生如此看重這件事，並且強烈地渴望得到一些改進上的建議。

第八個發現：起初我所期待的是，學生們會認同良好的諮詢是一件重要的事，但這不過是老生常談的泛泛之論而已。事實上，一些詳盡確實的細節，才是引起他們興趣的地方。好比說，絕大多數的學生們都說到，某些教室外的特殊活動，對於他們的學術表現具有深遠的影響。有些學生則指出學習技巧的重要性，比方說，課後小組要如何運作之類的問題。其他學生則提及一些私底下的訓練，例如時間記錄等。

第九個發現是：我原本以爲許多大學生會把外國語言暨文學課程，看成是避之唯恐不及的必修課。事實上，只有屈指可數的學生會蹺掉這門課；學生們總是興高采烈地暢談這些語言課程，不少學生甚至將語言課程評比爲最棒的課程之一。對此，畢業的校友們也高舉雙手贊成。當問起原因時，無論是在校學生或是畢業校友，都不約而同地表示，這是因爲語言課程的編排與教學方式使然。

在此我們清楚地看到一則啓示，那就是學生們對於什麼方法最適合他們，其實有過深思，因此我們可以從他們身上獲得許多深刻的見解。對於如何塑造珍貴的大學教育，他們的洞見經常比任何墨守成規而又模稜兩可的常識更有助益，也更加細膩。

這些發現是否暢行無阻？

以上所述不是只發生在哈佛大學裡的故事而已。在我參訪過其他校園之後，深信本書中發現的一切，皆可廣泛地適用於各地。在我訪問的每一所大學裡，無論其招生的標準如何，無論是私立或公立學校，也無論校園的規模大小、屬於全國性或是地方性，學生們總是興致勃勃地與我分享他們的經驗，告訴我就他們的立場而言，什麼方法才是適用的。令我嘖嘖稱奇的是，沒想到其他學校的學生們，竟然和哈佛大學的學生們說法幾乎相同。

無論我到哪裡，總會將我對於教學與諮詢的工作，以及如何加強學生投入學習、如何利用多元化環境的問題，向該校的教授、學生以及行政人員請教，詢問對方我所提出的種種想法與建議，是否也適用於他們的校園。總共有超過九十所的學校，反應都十分明確：「沒錯，這些想法大都適用於此。」

舉例來說，最近我與西岸一所大型的公立大學分享書中的部分心得，提到學生們對於參加課後小組，以便一同溫習功課、作業以及問題的做法，反應十分熱絡，此時，該所學校裡的教職員以及學生們竟然一致地表示：「假如這方法在哈佛可行的話，在這兒一定更值得施行，因爲我們的教學資源遠遠比不上哈佛！」如今已有爲數相當可觀的學校，開始採行本書所舉出的諸多方法，使我可以胸有成竹地說：「這些發現絕非僅限於哈佛而已。」或許有少部分的發現，確實不普遍——比如說，只有在那些寄宿學校裡，學生宿舍的重要性才會被人提起——不過我們還是可以淸楚看出，絕大部分的結論放諸四海皆準。

我知道在全美各大學之間，存在著迥然不同的差異。不過，幾乎所有的學校，連同學校裡的行政人員和教職員，都希望能和學生攜手合作，以提升學習的成效、改善教學的品質，並使種族與族群多元化的校園，能爲每個人帶來正面的收穫。假如我在本書中所陳述的發現，能夠幫助更多校園裡的學生和領導者，朝向這些目標邁進一小步，對我來說，寫這本書就算是功德圓滿了。

校內校外，雙效合一

Powerful Connections

參與課外活動時，學生們就成了自己的主人。尤其是在寄宿學校，許多學生十分積極且熱心地投入這些課外活動，包括賺錢滿足自己的需要等。想找個一、兩項，或三項課外活動來參與，對於大部分學生來說根本不成問題。無論是公衆服務、藝文活動、音樂欣賞、體育活動，或是編輯學生報與學生雜誌、參與特殊利益團體或宗教組織等，均吸引許多學生獻身其中。

大學生如何看待這些課外活動呢？他們或者視為尋找樂趣的機會，或者當成學習新本領的契機，或者認爲是回饋社會甚至國家的一種方式，正所謂「我爲人人，人人爲我」；這可以是讓學生們表現、運籌與創造的時刻，也可以讓他們藉此熟稔領導的技巧。即便像哈佛大學這種非常重視學業、功課十分繁重的學校，諸如歌唱、寫作或志願輔導新移民之類的課外活動，也比大一時美國歷史課上的點點滴滴，更能在學生們的腦海裡留下深刻的回憶。

一星期有一百六十八個小時，在大部分的學校中，學生每學期必須選修四門課，換句話說，他們在教室裡的時間平均爲每週十二到十八個小時。主修人文與社會科學的學生，每週上課時數約爲十二個小時；主修自然科學的學生，則會多花一些時間在實驗室裡，每星期的總時數經常高達十八個小時。由此可知，學生們絕大部分的生活都是在教室外度過的。

這點便引出一個簡單卻有力的結論，在我們與即將畢業學生的一次次訪談中，這個結論明顯益見。那些能將學業與課外活動結合的學生們，報告顯示他們有較滿意的大學生活。學生們要是能將音樂上的興趣、校內的課業、校外的志願服務結合起來，他們的整體經驗就又大大不同。

不過，是否所有的學生都能順利達成此結果呢？答案當然不是。是否有人可以水到渠成，或者輕而易舉地得到此一收穫呢？偶爾或許可以。但許多人一開始的時候，並不會想要這麼做。有時因爲他們的深思熟慮，可以理解爲何如此；有時事情之所以會如此發生，則純粹歸功於好運的幫忙。現在，卻有越來越多的指導教授（包括我在內），經常刻意鼓勵學生們這麼做。我們會以他們學長的說法，來奉勸大一的新鮮人，如果能夠將學業與課外活動結合起來，將會爲這幾年珍貴無比的大學時光留下深刻且積極的作用。

新生們總是愼重其事地看待這些意見，說明了直接從學生身上蒐集資料所發揮的影響力。對新生們的建議，是來自只比他們大三、四歲的學長們，因此很快吸引了學生們的注意。

將學業與課外活動結合起來，這個想法聽起來也許明白易懂。然而，若少了具體的例證說明如何落實，以及何以如此有效的話，這樣的建議就變得抽象空洞了。現在，就讓我們來看一些實際的例子吧！

我該上醫學院嗎？

有些學生前腳才剛踏進校園，心中就開始盤算著，將來大學畢業後要進學士後醫學院就讀，這情形在任何一所大學皆然。（編註：不同於台灣長達七年的醫學院教學，學生於大學畢業後經測驗考核進入醫學院就讀；成大、輔大亦有此「學士後醫學院」。）這些學生在大學四年間不斷思索著，讀醫學院是不是一個正確的抉擇，這不是他們內心真正想做的事。

對於這類學生，我們應設法給予建設性的意見。適時的勸導，往往可以收到立竿見影的成效。有位來自芝加哥的四年級學生，便從學校裡的就業輔導室得到很大的幫助。藉由校外活動的經驗，有助於釐清她對未來醫學工作上的種種想法。有位輔導員幫她在芝加哥的一所大型醫院裡，安排了一次暑期實習的機會。

這位二十歲的小女生，除了賺取一點酬勞之外，院方還要求她負責兩項計劃，且必須在她秋季返校之後還能實行下去。她所擬定的第一項計劃，便是修改青少年吸煙者的罰責。在過去，這些人一旦有輕微的違法情事發生，只會施以緩刑的懲罰，因此幾乎不可能從中得到正面教訓。他們的違法行爲，不論是對個人或對所屬的團體，皆未造成任何重大的影響。

這位女學生擬定了一套全新的計劃，並且按照計劃付諸實行。這套辦法並不接受緩刑的策略，而是要求違法的年輕人必須執行某一項公益服務：比方說，抽煙的青少年必須去幫助社區內的老年人，而這群老年人正是因爲吸煙引發肺氣腫而命在旦夕。這些青少年的任務，包括幫助老年人上街採辦與提拿東西。

這位女學生的第二項計劃，則是針對所有冠狀動脈疾病的高危險群，且無法維護自身健康的人士設計，範圍涵蓋各個年齡層。這項計劃是爲每人安排一次心臟手術的見習機會，事後再與這些心臟病患進行懇談。

根據這位女同學表示，這次暑假的體驗，徹底改變了她對大學課業的想法。事實上，還改變了她的未來。之前她計劃專攻生物學，並考慮就讀醫學院。如今，她懷抱著無比的熱誠，將志趣轉往公共政策、公共衛生以及環境科學。這次的校外活動，以及這些經驗與學業的結合，使她對於眞實的世界有了一番全新的視野；並且讓她體認到，她所擅長的本領，以及她所在乎的到底是什麼。這次在醫院裡度過的暑假，賦予她全新的目標與遠景，使她能夠據以擬定未來的學程。

是讀政治學好呢？還是讀法律系好？

有位主修政治學的年輕人，提供了第二個例證。這個年輕人選修了一些入門課程，但沒有把握喜不喜歡，這對他來說是個問題。在第一學年快結束前，他已相當確定未來想成爲教授。畢竟，他的成績單上有不少個A，從小到大也始終名列前矛。他很滿意這個計劃，不過有一件事讓他有些惴惴不安，那就是：他並未真正思考過其他出路。

於是，他決定參與波士頓的一個自助團體，共同改善住民破損且惡劣的居家環境。這個團體由幾位婦女發起，她們原是一群仰賴社會救濟金維生的貧戶，住在同一處國宅裡，當地的住宅管理單位，連最基本的維修服務都無法或吝於提供。堆積如山的垃圾緊鄰大樓，走道則散溢著濃烈的尿騷味。整個大二那年，他都和這個團體共同進行一項計劃，以改善此地居民的生活環境。他花了數百個小時，才將許多專長不同的建築工匠召集起來，這些人也都願意貢獻自己的時間和勞力。

這項計劃是希望這群好不容易才聚集起來的志工，能夠利用春季的某個週末假期，一同重整並改善政府挹注資金所興建的住宅，並參與其他市內的公共建設方案。不幸的是，計劃遭到無情的阻攔——波士頓有個龐大的經貿協會，到法院申請強制令，以遏止這個志工團隊繼續鬧下去。根據該名學生的說法，這個組織引用法條，使這些工匠將勞力貢獻於任何一個政府集資完成的方案，並協助改善窮苦百姓的居家環境，竟然成了非法的舉動。除此之外，這個經貿協會的委託律師，還搬出「平等勞力標準法案」的規定，禁止工人們將免費的勞力，奉獻在某些特定的社區計劃上。這完全超出那名學生的預料。他現在知道了，原來他如此努力將人們團結起來，居然是違法的，這個教訓讓他啞口無言。

從那一刻起，社會福利經濟學、收入支配以及勞動政策等課程，對他來說有了全新的意義。大學畢業之後，他進入法律學院就讀，發奮要傾全力研究勞動法。

這個案例之所以會引起我的注意，是因爲許多年輕男女皆有志一同地表示，他們想要進入法律學院就讀。然而，一旦深入問他們，大部分的人會支支吾吾地說不出個所以然來。這位年輕人卻深知自己所爲何來。他在大學裡所花在學業和課外的時間，兩者戲劇化地彼此影響，形塑了他的大學生活經驗，也改變了他選擇的課程。學業和課外目標二者整合之後，不但影響了他如何成爲國家棟樑的想法，最終還改變了他的職業選擇趨向。

該名學生這次的課外活動經驗，是在一些學生團體的幫助下爲他安排的，這些學生團體由該校的學生負責協調與管理。他的故事也說明了，一所學校如何以制度化的方式協助學生，使其學業與課外的生活能夠相輔相成。

自尊自重與自我膨脹

我曾開一門專題研討課，總共有七名學生選修。他們都希望未來能奉獻在教育工作上；其中有幾位希望擔任教職，有些學生則想致力於學術研究，另外幾位則有志於參與政策的擬定。這是一門人少到極具教學品質的專題研討課，歡迎學生們「盍各言爾志」，有時上課結束後，大夥還會相邀共進晚餐。老實說，這是我最喜歡的一種上課方式。

七位學生都抱怨大學的繁重課業把他們的私人時間壓搾光了。不過大部分的學生，還是能夠找出一些時間，爲該區的公立小學做志願服務。有好幾次，我們聊到學生們在公立學校裡擔任志工的體驗。顯然，這些經驗都造成一些震撼。

在這門爲期十三週的專題研討課裡，我爲前十一週列出一張富挑戰性的書單。我告訴學生們，除了每週指定的閱讀以及定期報告之外，他們還有一項義務，就是要爲最後的兩週擬出一份額外的書單與作業。我和幾位同仁，都滿喜歡以此方式來安排專題研討課，我們發現，這個方法能夠有效地幫助學生將心思都放在課業上。

在該學期中，那群志願在公立學校服務的學生們，極力主張將整個專題研討課用來探討在志願服務工作上所發現的種種困擾。他們希望研讀和討論有關如何提升青少年的自尊問題。他們對於這個主題之所以感興趣，是源自於擔任學校志工的緣故。

他們相信該所學校十分努力想幫助學生增強自尊，學校領導階層也立意良善。然而，校方領導者所採取的方法，卻是針對自尊與自重進行多次的課堂討論。只見年僅十一歲的小學生們，一個接一個站起來說：「我很聰明，我很能幹，我很了不起。」上我專題研討課的學生們戲稱這是「自我膨脹」。他們理解這個方法的用意何在，而且假如這是一個更廣泛、更落實計劃的一部分，他們也不予置評。事實卻令他們大失所望。他們看不到有任何一位老師，鼓勵這些孩子們勇於擔負一項艱鉅的任務，然後孜孜不倦、鍥而不捨地從旁協助與鼓勵，直到那些孩子們眞正克服該項任務爲止。

我的學生們懷疑，學校領導階層這樣做是否在開倒車。他們相信，眞正的自尊自重，來自於實際掌握某件事。專題研討課上有三位非歐裔的學生，討論這個案例時情緒格外激動。學生都以自身的童年經驗爲佐證。結果是，大家決定將最後兩週的閱讀重點，鎖定在有關自尊的心理學上。學生們得到以下結論，儘管在敎導別人堅忍不拔的精神時，經常會遇到困難，但完成任何一件艱困任務所需承受的重擔，正是能幫助孩子們提升自尊心的關鍵所在。孩子們也知道，他們越是賣力做事，就越能學會怎樣把事情做好。這才是能促進自信心的方法，而自我膨脹根本無濟於事。我的學生們在志願的課外服務經驗中堅定了這個觀念，而專題研討課的閱讀與討論則幫助他們在心理上對此更加明確。

芭蕾舞、火雞骨和外科手術

最後這個例子，我讓這位學生親口講述她的故事——不僅證明課業與其他活動結合的力量，同時證明了良好的建議所具有的價值。以下是精簡後的訪談實錄：

在進大學前，我已經學芭蕾很久了。此外，我也十分熱中生化學。於是我決定專攻化學，並參加本校的芭蕾舞社團。我很想繼續跳舞然後演出，但卻發現自己受了一些輕微傷害，例如骨折。我留意到其他幾位女舞者也有同樣的狀況，於是開始質疑是什麼原因。我唯一能想到的是，舞者的腿骨承受了過度的壓力。我偶然向指導教授提及這個情形，他的建議卻改變了我的一生。

他問我，「為什麼不把你跳芭蕾舞碰到的難題帶進課業中加以研究？」接著，他建議我考慮申請一份研究計劃的獎學金，做為研究所需的經費。他指引我去思考該找哪一位教授，以協助我探索壓力對舞者的腿骨造成的衝擊為何。結果，我辦到了。我在生物學系裡找到一名教授，他正致力於研究整形外科手術的壓力對於骨骼發展的影響。我上門向他解釋為何我的課外活動——芭蕾舞，會引發我進一步探索骨骼發展的生理構造、骨骼傷害以及外傷的問題，並說明已經在大一時修過兩門生物課了。

那位生物學教授欣然同意，但附帶一項條件……由於他正著手有關豬骨骼的研究，因此問我是否願意先跟他一同了解外傷對於豬的腿骨所造成的影響？事情就是這樣開始的。

到了大二那年，我不斷努力克服腿傷，好讓自己可以再展舞姿。就在這段時間，我做了一次重大轉變：我決定專攻生物學，並以火雞為研究對象。我訂出一套計劃，以檢測各種運動對五隻火雞的骨骼生長具有哪些作用。這些可是真正的、活蹦亂跳的火雞呀！我才開始了解自己在幹啥的時候，那位教授又將我推薦給另一位教授，他正進行一項與外科手術及骨骼生長有關的研究計劃。現在，我每天晚上和每個週末，都花時間在檢驗火雞骨骼構造的細微改變。我的家人簡直無法相信眼前這個事實。

當我決定寫畢業論文時，兩位指導教授又將我引介給第三位教授——一位外科醫生。所以，儘管這是我畢業論文的一部分，但我實際上做的是在醫學院裡為脊椎動物動手術，剛開始是從火雞下手。正因為以上的各項計劃，使我最終下定決心要成為一名外科大夫，並向好幾所醫學院提出申請。

由於我對芭蕾舞的課外興趣，使我的學術工作有了重心與目標，並為我帶來莫大的意義；而我也有幸得遇三位教授。當然我完全知道自己為何想讀醫學院，以及為什麼某種手術對我而言具有特殊意義。

不論將來會上哪一所醫學院，我都會做好萬全準備。或許更重要的是，這樣的選擇是根據我在大學時獲得的大量資訊與真實的體驗而決定的。我知道大部分的人，一定不覺得豬的骨頭和火雞的大腿有什麼好讓人興奮的，但對我而言，那卻是一個無與倫比的經驗。

總而言之，那些能夠將課內和課外的生活結合在一起的學生，往往能夠得到非常豐碩的收穫。

在大學裡負責管理和教導的我們，經常掛在嘴上的是如何為學生們制定有關財力資助方案。倘若我們能夠建立一套完善的「教育計劃」，那將會造福每一位學生。我們實在不應該說：「就讓優秀學生入學吧，然後避免擋住他們的去路。」而是應該在允許學生們入學之後，以最有建設性的方式，積極介入他們的生活，幫助他們運用學業與課外活動有力的連結。

學生的錦囊妙計

Suggestions from Students

學生們在訪談時向我們透露了許多事，這些訊息對那些不清楚在大學裡將會面臨哪些選擇的同學們，都能有所幫助。高中時期的讀書習慣，是否仍然適用於大學？在課業壓力沈重的情況下，除了用功之外，是否還能抽出空檔從事其他活動？這些課外活動，是否會影響成績表現？萬一課業表現不盡理想——是否能尋求協助？萬一與室友格格不入的話，又該怎麼辦呢？關於以上這些問題，學生們都能根據自身的經驗——不論這經驗是好是壞——有許多話要說。

時間管理

我發現在高中時奏效的方法，在大學裡卻不怎麼管用。這裡的課業份量以及長長的參考書單，讓我完全沒有心理準備，並感到驚慌失措。我在高中時代可以很快學會的東西，在這兒全都變得艱難了。

在大學裡，我無須每天接受考核。一開始，我的成績並不理想，因為我真的不知道該怎樣用有系統的方式，消化如此驚人的教材份量。我經常耗費大量時間在一項主題的研究上，一個星期後卻把它拋諸腦後。接著，再移向另一個主題，一週後又忘個精光。這樣一來，各種科目都沒有連貫性可言。這的確讓我傷透了腦筋。不過，最後我終於想通了。今年，我決定要強迫自己，每天都要在每一個科目上下一點功夫。

為什麼有些大學生從高中到大學轉換跑道如此順暢，有些學生卻困難多多呢？是否有某些特定的行為模式，使得一部分學生，比起那些條件相當卻適應不良的學生們，能夠更快速地達到目標，並且在學業以及個人生活上，皆能夠順利地與大學接軌？

為了追求此一目標，康斯坦‧布坎南（Constance Buchanan）和一群來自四所大學的同仁們，共同研擬了一套鉅細靡遺的方法，針對兩組大二的學生進行深度的訪談（本章一開始引述的，便是出自這些訪談之一）。其中一組學生，在大學的頭一年裡，無論就各方面來看，包括學術成績以及社交活動，均有傑出不凡的表現；另一組學生相形之下則顯得一籌莫展。這些訪談的目的，是為了探討這些剛踏進校門的新鮮人，對於高中到大學的轉變有什麼樣的想法。工作人員希望能在這兩組大二學生之間，找出一些重要的差異。他們很快便發現其中一項差異，雖只是簡單的一個字眼，但卻是關鍵所在。那些轉變較為順利的學生們，總是一再地將它掛在嘴邊。而那些險阻重重的學生們，則幾乎絕口不提此字，即使激發他們也一樣。

這個決定性的字眼就是「**時間**」。那些精采度過第一年的大二學生們，通常會如此表示，他們從踏進校門的那一刻起，就明白自己必須思考如何妥善運用時間。他們會提到時間管理、時間支配，以及時光寶貴等觀念。相反地，那些掙扎度過第一年的大二學生們，鮮少提到任何有關時間的事。

好幾位輔導老師告訴我，有些大一的學生發現，要想妥善支配時間，好讓個人感到愉快，或是在課業上獲得效益，的確是一項挑戰。那些知道如何管理時間的學生，經常是一踏進學校就致力於此的人。對每一位學生來說，這並非易事，而須按部就班地努力才行。相較於高中時代的課業負擔，大部分的大學要求都頗爲嚴苛，使得這樣的努力更形重要。與其面對大學龐大的指定閱讀份量，而感到不勝負荷，對症下藥當然要勝過急病亂投醫。當大四學生被問到，有什麼建議可以提供給新生時，「學習如何管理時間」是經常聽到的回答。我認爲，這的確是個明智的答案。新生們對於時間管理的態度，將決定他們是否一帆風順，抑或迭遭險難。

課業與活動，兩者應得兼

有位大二的同學，向布坎南和她的同仁表示：

這裡的一切步調，都是那樣快速。有時我會忙得昏頭轉向，不過，我在這裡一天的收穫，會讓我回到家後興奮一個月。這裡的時間很緊湊，我卻渾然未察，直到我回家度假，並讓自己賴床到下午一點鐘，我才恍然大悟。我已經忘了在高中時，晚上十點半就上床，隔天早上八點醒來。但是在大學裡，就寢的時間是凌晨一點，起床的時間則是早上八點半——因為我每天早上九點有課。下了課之後，我還得參加讀書小組、到圖書館打工、吃飯、找朋友小聚，並要參加演出等等。這真的得花好大一番功夫，才有辦法適應。

每年有新生來徵詢我的意見時，我總會將自己從過來人身上學到的教訓傳授給他們：我會鼓勵他們盡量善用大學社團。最重要的是，我會力勸他們在正課以外，至少挑選一項活動深入**參與**。假如他們需要賺錢的話，這活動可以是有薪水的工作；也可以是一項與其他同學共同參與的活動，如體育活動、志願服務等不一而足。許多向我徵詢意見的學生，大都能體會這點，不過有些學生需要更進一步去說服。每位新生都希望自己表現亮麗，但有些人才踏進校門就開始緊張。某些學生對於大學生活的想像是，每個星期枯坐在教室裡十二到十五個小時，剩餘的時間便是獨守空閨、寒燈苦讀。

這樣的學生，有些並不快樂。讓自己有太多獨處的時間，是一件危險的事。每當我看到這種模式正在成形，便會提出疑問。他們的回答總是千篇一律，那就是：「我以功課為重，其他的活動會影響我的課業表現。」

湯瑪斯・安傑羅（Thomas Angelo）針對哈佛大學部的學生所做的普查，讓我和其他輔導老師知道該如何回應這些學生的說法。我們已有關於如何成功將課外活動與課業加以連結的具體資料。他們的重大發現是，全心參與一項或兩項課外活動——每週所需時間最多高達二十個小時——對於學生的成績來說，幾乎不會有影響。不過這類的**投入**，與對大學生活的整體滿意度大大有關。換言之，越是積極參與，滿意度會相對提高。

以下是學生們對課外活動的一些看法，儘管只是在一所學校裡的發現，其他的學校或許不同；但我認為，那些主要的關聯性直指強而有力的結論，仍然是不變的。

首先讓我們先想一下**有薪水的工作**。有半數以上的哈佛學子，都會利用課餘時間打工賺錢，不論他們在學校裡的學業重點為何。女孩子打工的人數比男孩子多；年紀稍長的學生又比年紀輕一點的學生打工次數多。

他們的工作種類可謂琳琅滿目，不勝枚舉。到目前為止，最普遍的是行政／文書的工作；其次則是研究／資料分析。女孩子看來比男孩子做更多文書之類的工作；男孩子則比女孩子容易找到管理員之類的工作。這些學生們每週工作的時數，通常在七到十二個小時之間。

如今有越來越多的大學生，加入電腦和科技業的工作行列。他們之中許多人從事這個行業，純粹是基於個人學習，賺錢與否則不相干。有越來越多的學生（約百分之五十五），其工作任務不是協力研發新科技，就是將之加以重新運用；或是幫助學校的人，將這些科技運用在工作上。

這些有薪水的工作和課業成績之間，並沒有明顯的關聯。無論學生們工作繁重、輕鬆或是根本沒有打工，對他們向來的成績表現都沒有太大的差異。而打工時間固定的學生，與打工時間較有彈性的學生，兩者的成績分布狀況，相較之下也沒有什麼兩樣。

無論是有打工或是沒有打工的學生，對大學生活的整體滿意度大抵是相當的。在「課業整體品質」的表現上，有打工的學生和沒有打工的學生，兩者的評分高低不相上下。在「課業挑戰性的整體滿意度」上，評比的狀況也不分軒輊。至於「人際關係的整體滿意度」和「愛情滿意度」的問題上，兩者的反應也都大同小異。

當學生們被要求描述他們對於打工經驗是否滿意時，其中有兩個發現格外引起我們的注意。首先，就平均值來看，每週工作時數越多的學生，對於打工的經驗感到越愉快，並將之視爲大學生活中不可或缺的一部分。其次，有四分之三的打工學生表示，打工經驗爲大學生活經驗加分。只有百分之六的學生認爲打工會產生負面的影響，而女生則比男生更認同打工的正面效益。

至於**課外活動**的情況又是如何呢？這裡指的是那些有薪水的工作與校際體育活動之外的課後活動。這些活動的參與度高達八成左右：其中女性佔了百分之八十七，男性則佔了百分之七十六。這之間的差異，主要是因爲男生多半熱中於校際的體育活動。不過近十年來，兩者的差距正在減少中，因爲有越來越多的女生逐漸涉足這些校際的體育活動。

其中有百分之七十的學生，參與了兩項以上的活動；而有百分之十四的學生，加入多達四到五項的活動。在這些參與課外活動的學生中，有百分之六十八的人每週平均花六小時以上的時間，而有百分之三十四的人每週耗費超過十二個小時。

和打工賺錢一樣，參與課外活動和課業表現之間，並沒有任何顯著的關聯。那些參與和未參與課外活動的學生，兩者的成績分配狀況也是平分秋色。即便是那些全心投入課外活動的學生，他們的成績表現，也不見得比那些玩票性質的學生遜色。

另一種類型的校外參與，則是**志願服務工作**。無論是在哪一個學期，都有百分之二十五的學生，加入志工的行列。另外有百分之六十五的學生，會在大學的某一時期從事志願服務的工作。女性志工的人數略多於男性，高年級學生參與志工的比例，則比一年級的新生高出許多。那些會設法打工賺錢的學生，則比那些不打工的學生，更常找出時間來從事公益活動。

這些志工每週大約花三至六小時在他們的活動上，總平均大約五個小時。在這些志工裡，有百分之四十六的服務對象是小孩和青少年，百分之十三的對象是流浪漢和貧戶，百分之九的對象是殘障人士，百分之十的對象則是老年人。

這些學生爲何會加入志工的行列呢？他們的回答是「樂於助人」、「想要回饋社會」，或是「要讓世界變得更美好」等。如今，在這些志工之中，有高達百分之九十六的人計劃在未來繼續奉獻心力。

志願服務也和打工賺錢、參加課外活動的情形一樣，與他們的成績表現沒有重大關聯。事實上，若就平均結果來看，那些從事志工活動的學生們，成績還微幅領先不曾參與志工活動的學生呢！當問及志工學生參加這些活動會不會影響課業時，學生們都異口同聲地表示不會有任何壞處。而當問起這些志願工作對於他們的社交活動，以及大學生活的整體滿意度有何影響時，答案一致指出對兩者的影響都是正面的。

在**校際體育活動**這個項目上，則有比較不一樣的結果，除此之外，其他的校外活動，一概不會影響成績。在我們學校裡，參與校際運動的選手們，平均成績的確比非運動員落後一些些。經過其他學校的調查之後，我相信這是普遍的現象。在這群運動員身上，的確可以清楚地看到運動時數對於成績所造成的負面影響，儘管並不算太嚴重。不過我要提出一個有趣的現象，那就是，儘管這些體育選手的成績稍微遜色，但他們是校園裡最逍遙愜意的一群。他們結交了不少好朋友，和學校之間也有一種密切的凝聚感。

綜觀而論，有兩個主要發現特別值得注意。即使我們將所有參與非學術性活動的學生算進來，並將他們花費在打工、課外活動、志願服務，以及體育活動的時數全部加起來，我們會發現，他們投入的程度如何，**與成績的表現並沒有任何重大關聯**。不過，**參與這些活動，和他們對於大學生活的滿意度有顯著相關**。參與課外活動的學生們，顯然比那些根本不參加的學生們，擁有更快樂的大學生活。

參與藝文活動

> 投入劇場工作對我造成的影響——我指的不是演出，而是技術和編劇方面的工作——是我剛以菜鳥之姿踏進校門時始料未及的。出乎意料的是，我在戲

劇協會與實驗劇場裡的參與，和學校裡的課業相得益彰。我在大學主修歷史與文學。有一回當我們在討論劇作家愛德華・阿爾比（Edward Albee，編註：美國荒誕劇代表作家，劇作《誰怕吳爾芙》為當代經典）的兩部新作，以及這兩部創作的結構與十九世紀的劇作有何不同時，這點更獲得了印證。我曾經在實驗劇場裡，煞費苦心地製作過阿爾比的一齣戲，所以很榮幸能有這樣的機會，可以和班上的同學分享我的心得。

我不希望聽起來像在自吹自擂，不過我的確認為因深深投入實驗劇場的工作，使我說不定比指導教授更能確切掌握阿爾比的寫作架構，儘管她對此也很擅長。畢竟，我曾經親身體驗、努力用心，也曾經將它搬上舞台。有些人曾說，不同的活動之間其實「環環相扣」，我想大概就是這個意思吧。對我而言，這一切都要歸功於我在劇場裡的努力。

並非每一位團員都成了我的朋友，其中有許多人我不怎麼喜歡。不過在一週之內必須要排演好幾回，因此我發現結交了六位好朋友。在大學的這幾年裡，我們始終維持親密友誼。除了這群好朋友，再加上當我穿上團服後對這個團體油然而生的特殊情感，使我對於健全人格的定義，有了全然不同的觀感。

許多學生都十分用心地投入一項或多項藝文活動。在各大學裡，藝文活動都是深受學生歡迎的。若純粹就人數來說，參與藝文活動的學生，甚至要比參與體育或政治活動的學生更踴躍。這個情形在我訪問的每一所大學皆然。藝術文化是廣受學生青睞的校外活動，僅次於志願服務工作。

假如我們將藝文活動的範圍，廣泛地包括音樂、合唱團、管弦樂團、室內樂、舞蹈和戲劇製作等，我們將發現，哈佛大學裡有近過半的學生，都曾在大學生涯的某段時期參與過這些活動。如果把寫作、執導、製作，以及編曲、編劇、編舞等技術工作也包含在內，參與的人數比例將會過半。當大學生們回想時間的運用情況時，有百分之三十五的學生發現，藝文活動佔去他們絕大部分的課後時間，其中包括策劃、甄試、排練以及正式演出等。

校園裡這些「生氣蓬勃的藝文展演活動」，總是讓學生們興致十足——許多其他學校的學生，也同樣興趣濃厚。學生們將藝文活動視爲可以兼得樂趣與學習的重要來源。事實上，只有參與某些藝文活動，大學生才有機會將課業和課外的興趣結合起來。這樣說來，爲什麼學生們會認爲參與藝文活動具有特殊意義，就更加值得我們深思了。

首先，對於許多學生而言，這些藝文活動純粹是提供樂趣而已。這樂趣和課業本身是無關的，比方說，它在乎的並不是將校外的音樂學習和課堂上正經八百的音樂研究結合起來。這純粹是樂趣而已，有時能夠幫助學生將心思暫時從繁重的課業上移開。數百名學生均表示，無論是歌唱、演戲、指揮、跳舞或是玩樂器等，充其量是爲了樂趣上的滿足罷了，那是一種釋放、一種「迥然不同於撰寫研究報告的創造性活動」。

而學生們所提出的第二個理由，著眼於這些藝文活動如何幫助學生們，將其校內的功課和校外的活動結合起來。有爲數眾多的受訪者相繼提到，他們在藝術活動上的喜好和學校的正規課業之間，有著相輔相成的關係。無論是在契訶夫（Anton Chekhov）或是亞瑟・米勒（Arthur Miller）的戲中擔任執導、演出或是技術支援的工作，都有助於學生發展出更爲深刻的理解力，並將之轉移到學術表現上。學生們的戲劇經驗，比起單純地在班上閱讀劇本，更有助於他們深刻地思索有關寫作、歷史、心理、自然環境，或是某一時代背景下的文學。同樣地，若是一位樂團的成員，能夠掌握演出曲目的來龍去脈、作曲家的生平大事或文化背景等，將賦予許多學生更爲深刻的洞察力，因而增進他們在學術上的表現。這兩者之間的關聯，有時會出其不意地發生。不過，這樣的情形僅見於少數學生而非全部。

第三個發現是，那些參與藝文活動的學生，大都表示對於自己的人生方向更加清楚。有時他們學到的事情是始料未及的，有時他們的收穫會影響未來的課程選擇，並決定對這些課程的熱中程度，甚至有時還會影響他們畢業之後的職業選擇。爲數不少的學生在訪談中說，他們所從事的藝文活動以及正規的學術課業，皆爲他們塑造了人生的「下一步」。

藝術活動和學校課業之間的結合，是個反覆被人討論的主題。有些學生表示，某些表演活動，例如戲劇或歌唱，爲他們將來的工作開啓更寬廣的視野——他們見到一些之前壓根兒沒想到的新面向。舉例來說，有個年輕男孩曾經在大一那年參加合唱團的甄試，並獲選爲正式團員。他知道自己擁有一副好歌喉，但要公開演出卻令他裹足不前。在參與了這個合唱團後，他不但克服自己畏首畏尾的個性，對於公開表演還頗爲怡然自得。爾後三年，他始終待在這個合唱團，到了四年級時，他甚至還擔任團長。大四那年，他向公共政策暨公共行政研究所提出了入學申請；如今他還考慮要從政。凡此種種，都要歸功於當時的歌唱演出，爲他個人帶來了自信。

學生們發現，藝文活動之所以如此吸引人的第四個原因是，這類活動提供了一些特殊機緣，使自己得以與背景判然有別的同儕互動與學習。某些最佳的互動關係與最震撼人心的學習體驗，都是在學生們攜手合作達成某一共同目標的過程中產生的。在大學裡，這個情形經常發生在一夥人共同追求某一學術目標的時候。不過藝文活動的參與，也能提供類似的機會——使我們能與形形色色、千奇百怪的人們共事，包括學術興趣不同的各路好漢，彼此之間團結一心，共同製作一場精采的戲劇、音樂演奏或是芭蕾舞蹈。

有些學生陳述這個觀點時，興高采烈，口沫橫飛。根據他們表示，比起其他的活動，在藝文活動中與人合作，使他們更能從這些南轅北轍、各懷絕技的同儕身上受益與學習。結論是，這些學生均因更深的投入而滿意大學的生活經驗。

此外，更有為數驚人的學生表示，藉由參與這些藝文團體，尤其是表演藝術之類的團體，使他們更了解自己——無論是個人的能耐、弱點或是興趣等。特別是讓他們學會如何將對於藝術的積極投入精神，貫注在大學裡繁重的課業要求上。就學業而言，學生的任務是要完成教授所指定的閱讀和作業；倘若夠努力用功的話，你將對物理、歷史、經濟或是文學等方面有豐富的認識，但這不見得能讓你更了解自己。假如了解自己也是整體教育的一部分，那麼參與藝文活動，將能提供一個好處多多且獨一無二的機會。

求助之道

我總不能冀望學校裡的教職員可以解讀我的心思吧！所以，終究還是得靠自己才行。我對其他同學的建議很簡單：幫助是無所不在而且源源不絕的，但前提是，你必須自己開口要求。我所學到的重要教訓是，千萬別把自己的課業問題當成敝帚自珍的秘密。不幸的是，我走了好長的一段冤枉路，才學會這個教訓。我希望其他有相同困境的同學，能比我更迅速地解決這個問題。

為什麼有些學生會比預期的表現遜色呢？或許思考以下三個問題，可以幫助學生了解他們的處境，也有助於指導老師們更知道如何伸出援手。

第一個問題是：是不是有些困難，並非只發生在某一位同學身上，而是所有面臨課業困擾的學生們所共有？

第二個問題是：對這些遭遇困境的學生們，指導老師可以提供哪些幫助？

第三個問題則是：這些學生們又有什麼法子可以自助？

碰上困境時的症狀

有一群教職員和指導老師所應該關注的對象，很容易被指認出來——亦即那群成績不盡理想的學生。但這群學生不過是冰山的一角而已。除了成績之外，還有兩個症狀，或許也可視爲問題出現前的徵兆，不過較不易辨認就是了。

第一個症狀是個警訊，那就是，學生開始感覺自己和校內的其他團體產生一種疏離感。其中或許有一小群人對於這種孤立感甘之如飴，但這畢竟只是少數而已。其實，指導老師只要稍加用心，就能不費吹灰之力地偵測出這些孤立無援的學生。這群人對於校外的活動絲毫沒有參與的跡象，此外，他們也不會加入任何一個讀書小組。他們對於學業表現不佳的處理方式便是，下課後直接回到宿舍，關起門來苦讀、苦讀、再苦讀，幾乎陷於孤軍奮戰的狀態。假如成績沒有起色的話，他們也不會試圖改變這個模式。他們只會一如既往地焚膏繼晷、挑燈夜戰，或是在一些例子中可以看到的，有些學生索性放棄算了。

第二個症狀則是不願尋求協助。許多學生會不假思索地尋求教授、系上的指導老師、助教、同學或是宿舍輔導員幫忙。而大專院校多半也會成立一些組織，提供學生必要的協助。

但還是有不少學生對於尋求幫助猶豫不決。假如一位遭遇困難的學生，既不願意求助於人，也不願意和指導老師、教授或是助教、同學透露他們的問題所在，那麼想要提供協助就變得棘手了。在我們的訪談中，有四十位面臨困擾的大四學生，均一針見血地提到這點。其中有二十位學生，儘管正處於奮戰狀態中，但他們願意將自身的問題和他人分享，並試圖從眾多的資源裡尋求奧援，以至於毫無例外地，他們都能一步步找出改善學業表現的方法。

另外的二十位大學生多半無法將他們的問題與人分享，因而始終沈溺於絕望孤立當中。他們的成績每況愈下，與其他同學之間也少了一種凝聚感。對於這些孤軍奮戰的學生來說，欲使他們的情況有所逆轉，更是難如登天。

由於訪問的結果反覆出現這種模式，因此同仁們開始致力於研究如何將一些具體的建議傳達給學生，甚至是那些起先抗拒接受幫助的學生。對此，我們已經有了一些成果。以下我便根據這項研究的結果，舉出四種困擾的潛在根源，以及一些如何幫助學生們自立自強的建議。

造成學習困難的主因

不良的時間管理，是造成學習困難的根源之一。好幾位成績不佳的大四學生，向我們的訪談員描述他們的學習模式時，方才訝異自己是那麼不夠用功。幾乎所有陷入苦戰的學生，在時間的運用上都面臨一個最大的問題，那就是，他們研讀的時間總是零碎而短暫。這些學生不會持續一段長時間專注在課業上，而是在一堂課與一堂課之間，硬擠出二十五分鐘來用功。然後在晚餐之前順道經過圖書館時，進去啃個三十分鐘的書。若是隔天要繳交長篇作業，首先，他們會將整晚耗在劇團、運動練習或是歌唱排演上，等到回家之後才開始振筆疾書。所以，等到他們開始要寫作業時，已經筋疲力盡了，眼前只有漫漫長夜作伴。

無法一次利用數小時的時間深入鑽研一項課業，對學生們而言有很大的殺傷力。這些學生在安排時間的方式上，總不會把較長的時間納進來，以便於一絲不苟地研究。任何一位具有豐富寫作經驗的人都知道，一項高難度的作業，被迫要在七零八落的十分鐘或十五分鐘內進行，將很難有效且嚴謹地完成。這種時間分配的方式，大部分的人是無法創造出優秀作品的。儘管對大部分老師來說這是個清楚的事實，然而訪談的結果顯示，大多數課業面臨困頓的學生一點兒也不清楚。

第二個造成學習困難的原因是，許多遭遇不順的學生，仍然一成不變地運用高中時代的方法，來安排他們的大學課業。對有些幸運的學生來說，這方法還是管用的。但對於其他的學生，尤其是那些高中時代課業成績亮眼，但就讀的大學要求自我管理的學生來說，這樣的時間分配策略將導致嚴重的問題。

有些學生在發展新的學習技巧上，遭遇了極大的困難。於是沿用舊有的模式，成了一件順理成章的事。其中有個重大的學習技巧：「批判性思考」——從眾說紛紜的多方來源中，整合出各項論點與證據的能力——必須仰賴學生們不斷地加以重新定義。幾乎所有課業面臨嚴重問題的學生們都指出，在念高中時，學校方面並未要求他們多做這類的思考，在大學裡這卻是一項十分重要的技巧。

加上這些課業遇到瓶頸的學生，發現大部分的同學都能順利無礙地從高中轉換到大學，使得他們的問題變得更加複雜。眼看著自己的朋友、同學以及室友，都能逐漸擁有一套讀書技巧，偏偏自己卻不能，這使他們簡直要瘋了。有位一年級的同學，便道出了這種沮喪的心情：

> 和我同寢室的四個人，都修了經濟學。我們的智商差不多，據我所知，我們四人在SAT測驗（編註：SAT〔Scholastic Assessment Tests〕測驗是由美國大約三千九百所大學共同組成的文教組織，美國大學委員會〔The College Board〕委託教育測驗服務社〔Educational Testing Service，簡稱 ETS〕定期舉辦的世界性測驗，做為

美國各大學申請入學的參考條件之一。）上所得到的分數不相上下，有時我們也會利用晚上一塊討論這些課業。沒想到他們老是拿到A的成績，我卻始終抱著C的成績不放。我就是猜不透這到底是怎麼一回事。

最後我快被逼瘋了，只好趕緊尋求協助。宿舍輔導員要我把上課的筆記給她看。她很仔細地從頭到尾過目一遍，然後根據這些筆記問了我幾個問題。她讓我恍然明白，原來我對於「實問實答」相當拿手，但卻不擅於舉一反三、闡發新意。然而在大學裡，每回所考的問題都是新的情境。這點和高中時完全不同，當時的考題只會落在基本的觀念上。

反正埋怨高中的老師沒教也於事無補，只要這裡有人可以幫我重新瞄準學習的焦點就好了。如今我已經知道，大學真正要設定的目標是什麼了。儘管我仍然拿不到A的成績，但起碼能得個紮紮實實的B+。假如當時我沒有找人幫忙的話，真不知道現在的下場如何，或許我還會冥頑不靈地繼續使用高中的那套老方法吧！

對於部分的學生來說，第三個造成困難的來源，則是他們的選課方式。那些爲成績煩惱或對自己表現不甚滿意的學生們選修的課程，毫無例外都是些大班級制的入門課程，其餘一概不選。當他們被問及爲何會如此選擇時，幾乎每位學生的回答都一樣：「爲了快點修完必修學分。」顯然，在每年踏進校門的新生當中，有些學生的心裡早有定見，認爲若要好好地把握大學生活，必須遵照以下幾個步驟：步驟一，火速把必修課程修完；步驟二，選擇一個專攻或主修的項目；步驟三，選讀這些專攻項目的高級班，然後將那些「好康的」選修課，留到大三或大四時再來享用。

對某些學生來說，選擇先把必修課程解決掉或許是個可行的策略。但幾乎所有遭逢逆境的學生都採取這個策略，卻功敗垂成。由於這些基本的必修課程，大半都收了許多學生，造成每一位學生皆是不被注意的無名小卒。在有上百名學生的課堂裡，沒有一位老師會假裝自己熟識班上的每一張面孔。選擇這類課程的學生，有可能在大學的第一年裡，從頭到尾都無法和任何一位老師有積極認眞的師生關係。不過在此要強調的一點是，會發生這種狀況的學生只有一小部分；但就算只有百分之五到百分之十的學生如此，他們的學習品質也會因而大大滑落。

若是大一那年只想要「快點修完必修學分」，還會有另一個弊端產生——學生們無法找到讓他們死心塌地想要研究、讓他們眞正感到興趣的課程。最後的結果是，等到大一結束，該是選擇專攻項目的時刻來臨時（許多學校甚至會拖延到大二），學生們很可能還不曾被任何一門學科給「深深吸引」過。那些採行「快點修完必修學分」策略的學生們，到了大一結束準備選課時，大部分的人都悔不當初。

第四個造成學習困難的原因，則是所有與課業成績纏鬥不休的學生們共有的特殊習慣——總是孤軍奮戰。學生們指出，那些常常一個人關起門來啃書的學生，將會錯失大學所提供的一項重大利益，亦即從同儕身上學習的機會。所幸，無論是老師或是指導教授，通常會建議學生和其他同學一塊學習。誠摯希望讀過這本書的學生們，起碼會在某一段時間裡，選擇和其他同學攜手並進。

在下課後和其他同學合作，對許多學生而言，恐怕是個陌生的想法吧！確實，這在許多老師的耳中聽起來，也是個新鮮的主意，這些老師當年在上大學時，校方總是將學生們在校外的合夥勾當視爲作弊，因而嚴格禁止。從第四章到第六章，我將根據一些成效卓著的班級與教授，進一步闡揚這項建議，並提供讀者一些實例。

慎選住宿環境

我該與誰同住呢？在一所寄宿學校裡，幾乎每一位學生都得回答這個問題。而學生們所下的決定，將在他們的大學經驗中扮演關鍵的角色。若我們能以審慎而有系統的方式來思考這個決定，必是一項報酬率極高的投資。

有位來自南亞的大四學生，向我們的訪談員安娜．芬克（Anna Fincke）談到了這個問題：

大一那年，我住的宿舍真是個大熔爐。我們六個人同一間寢室：除了我以外，有兩位是分別來自紐約和波士頓的猶太人，一位來自橘郡的盎格魯薩克遜人，另一位則是來自佛羅里達的印地安人，還有一位來自加州的中國人。無論就種族的背景、經濟條件或是興趣嗜好來看，這真是一個大雜燴。我們六人專攻不同的領域：包括工程學、經濟學、生物學、生化學、物理學，以及社會學；志趣也各不相同：有的想當航空工程師，有的想當律師、醫生，也有人則想當生意人。

於是，我們成了一家人。這真是我在此地得到最寶貴的經驗之一。三月時，我生了一場病，而他們如同我的母親，將我照顧得無微不至。有個傢伙每隔兩小時，就會把我叫起來吃藥。他們全都為了我而東奔西跑，還把情形向我的老師們報告。他們全心全意地為我這麼做。

那位來自橘郡的傢伙，由於是個盎格魯薩克遜的白人新教徒，因此個性十分保守傳統。我們經常看不順眼對方，在政治立場上也時有紛爭。他在宗教信仰上傾向「正統」，我則相當鼓吹自由。我們會不時發生爭執或是辯論。但私底下，我還是真心喜歡他的為人。能與觀念如此不同的人成為好友，真是一件幸福的事。老實說，他國文化的啓蒙，並不常以這種令人心有所悟的方式出現。

新生在第一天報到後見到的第一批人，便是他們的室友。這些室友是由學校分配的，大一的新生並沒有自我選擇的餘地。在哈佛大學裡，一年級的學生通常是和兩到四個人共住。且由於大一宿舍的格局使然，兩間套房有一個共通的大門，必須經常保持開敞，因此基本上是由四個、六個乃至八個人，形成一個龐大的「居住團體」。

當大一新生搬進宿舍時，他們遇見的第二群人，便是那些跟他們同時間抵達並搬進宿舍的其他新生們。在哈佛大學，每位新生都得住宿。宿舍設有一道大門，並由好幾間寢室和套房組成，通常包含十五到二十五名學生。住在同一宿舍裡的學生，皆由一位舍監負責輔導管理，通常是找該宿舍的一位研究生負責擔任。必要時，這位舍監會召集宿舍裡的所有同學前來聚會。這些聚會的重點，或許只是讓彼此熟悉一下而已，或是一般性的訊息交流，也可能是節日和生日的慶祝等。有時這些集會鎖定在課業問題的討論上，比方說如何幫助同學們選擇主修和專攻科目。

像這樣的住宿安排，在哈佛大學已經行之有年了。每位學生幾乎異口同聲地表示，一年級時的住宿經驗，使他們能夠和背景不同的學生相互交流。在住宿學生當中，經常包括某些不同種族的人。因此每一位大學生，都可說是住在一個多元族群的宿舍裡。如此一來，每當學生一踏進宿舍，並放下手上的行李箱之後，所謂「多元族群」的抽象概念，便開始在他或她所見的對象身上具體顯現，而他或她也將開始和天南地北的各色人種一同進餐。

基調便這麼形成了。每位新生從前腳剛踏進宿舍的那一刻起，便立即與來自五湖四海的人群廣泛接觸，無論是大夥第一次共餐、第一次召開宿舍大會、參加每週舉辦的新生活動——這些幾乎是所有學生認爲最重要也最正面的第一步。這群由形形色色的一年級學生所組成的團體，爲校園帶來新的樂趣和觀點，在整整一年的時間裡，學生們必須和這個團體生活在一起。這種基調和精神，無可避免且自然而然地構成了大學生活的一部分。

爲什麼學生們總是煞有介事地一再提起這個經驗呢？原因有兩個：第一，他們相信校方正在傳達一個明確而響亮的訊息，那就是：和一群五花八門的同學們夜以繼日、週復一週地共住，**打從一開始**就是件重要的事，而我們都希望這是來到這所大學的愉快經驗之一。

許多學生認爲第一年的住宿政策如此重要的第二個原因是，無論學生將來是否選擇繼續與第一年的室友同住，絕大多數的人都形容，大一的住宿經驗有其正面意義。從種族差異上所學到的知識，更是一再地被推舉爲這經驗裡的一項重要因素。

因此，學生們最常提出的建議，便是繼續以有計劃、有目的的方法，將這種多元繽紛的特色，注入大一的住宿環境當中；而這個做法也爲校方領導階層傳達了一項重要的訊息。這樣做有時會帶來諸多意外驚喜；有時也會造成不少壓力，但通常這些壓力都是可以克服的，而且往往會帶來重大的教訓。在某些個案中，這項做法甚至可以締造歷久彌新的友誼，這恐怕是其他方法無法獲致的。

學生們對於大一住宿環境的多元政策所抱持的正面反應，其實可以從他們日後對於室友的選擇上得到證明。但學生們還是經常選擇和一群五花八門的友人同住。訪談員陳淑玲發現，大一結束之後，雖然可以自由選擇室友，好幾位同學都向陳訪談員提到，他們已經選好了大二的室友，情形如下：

有位白人男孩打算和另一名來自俄羅斯的白人男孩同住，另外還包括一位來自海地的男同學、兩位亞裔的美國女孩、一位黑人女孩，以及一位來自黎巴嫩的女孩。

有位西班牙男孩打算和「兩位黑人、六名白人，以及一位從倫敦來的巴基斯坦人」合住。

另一位西班牙男孩則決定要和一位拉丁美洲人、三位白人、兩位黑人，以及一位亞裔美國人同住。

還有一位華裔美國女孩，計劃和十四位室友同住，包括一位亞裔美國人、一位黑人、一位夏威夷人、一位信仰虔誠的猶太人，以及其他十個白人。

結論似乎一目瞭然。當高年級的學生有機會可以選擇室友時，竟然有一大部分的學生選擇和各式各樣的朋友合住。根據他們的說法是，這樣的選擇深受大一時和室友及樓友的共住經驗影響。在一年級時，由校方指定室友和樓友的這項做法，決定了學生們將會遇見和認識哪些人。而學生們幾乎異口同聲地向校方設計大一居住模式的人，提出以下強烈的建議——請務必記住，一開始的住宿安排不但可以而且確實爲學生們造就了日後的社交關係，特別是種族之間的互動交流。

立竿見影的課程模式

The Most Effective Classes

每學期的選課情形，免不了影響學生的學習體驗。我們經常發現兩個數據，呈現強烈的正相關性。首先是，小班級的修課人數和學生們對於整體學習經驗之間，相關指數為百分之五十二，顯示兩者具有高度關聯。其次，小班級的上課人數和學生的實得成績之間，呈現出百分之二十四的相關性。儘管指數較低，仍然透露明顯的訊息，那就是：在大部分的情況下，班級越小，教學成效就越顯著，學生參與的程度也相對提高。

當我問大學生所謂的「小班級」有多少人時，最常見的答案是十五人以下。其中有兩種特殊的情況，值得附帶一提。一種是獨立自主式的學習或是研讀課程，這種課程通常是和一位教授一對一地進行；許多大專院校都會提供這類課程。另一種則是小型的專題研討課。

對許多大學生而言，個別督導式的閱讀研究報告課程，表示他們在大學裡的課業學習到達了頂峰。學生們必須完成一篇研究報告，然後根據個人的狀況接受考核，通常要求極為嚴苛。在進行研究計劃的過程中，學生們必須獨當一面。這需要耗費很大的精力，才能獲得學習、進入狀況並享受箇中的樂趣。

誠如學生的說法，這種個別督導式的研究課程，是所有學習經驗中最緊迫盯人的一種。在這種課程裡，沒有任何學生可以削減督導者與被督導者間的互動關係。儘管大多數的大一新生，對於這種密集式的研究課程尚未做好萬全的準備，但那些大三、大四的學長、學姐們，還是會奉勸這些新進學生，無論他們在大學裡選修的其他課程爲何，千萬不可錯失這種一對一式的學習體驗。

而小型的專題研討課，通常以迥然不同的方式進行，並有不一樣的目的。在這些專題研討課裡，由於學生必須和其他人一塊討論與爭辯一些主題及想法，因此老師的角色，較像是促成百花齊放的催化者。有位學生如此形容：

有時我從同學身上所學到的東西，和我從老師身上所學到的不相上下。這個情形在某些領域裡比較罕見，例如那些入門性的語言課程，在這類課堂上，學生比較需要一個人坐在位置上，安安靜靜地學習字彙和文法。但在人文和社會科學的領域裡，就司空見慣了，假如這類的課堂上有四位學生的話，這四個人對於修昔的底斯（Thucydides，編註：希臘歷史學家）、盧梭，或是洛克等人，可能會有四種不同的見解。這些哲學家們對於現代憲政體制中所謂正義的看法為何，這群學生必定會有一番不同的詮釋。

學生們表示，這兩種教學型態——一對一式的研究，以及小型的專題研討課——各有各的好處。他們會鼓勵其他的學生，能夠盡量選擇這一些允許兩種型態兼容並蓄的課程。

成效斐然的小班教學

康斯坦・布坎南和她的同仁訪問過一名學生，那人回想起有一堂課，讓他眞的受益良多：

我在大一秋天選了一堂專題研討課，這個經驗對我所造成的影響一直持續著。我對這堂課擁有許多難以磨滅的回憶。其中最棒的一件事，就是教授要求每一位學生，預先撰寫該週指定讀物的簡短評論。然後，我們會利用這些短評切入正式的課堂討論，而每位同學都會輪流擔任整場討論課的發起人。每週教授都會利用午餐或晚餐的時間，和負責撰寫該週短評的學生一同討論。由於這種私下碰面的機會，使他得以了解我們每一個人。每位同學都有三份報告必須完成，而他都非常仔細地批改，有時他對這些報告的分析，甚至長達兩頁之多。之後，他還會個別約見同學。真是了不起啊！若是換成大班教學，想必沒有一位老師會對我們的課業如此付出心血。最棒的一點是，這位老師如此每當新的課程開始時，學生對它的期待是什麼呢？各種想法不一而足，不過最常見的是，學生們都希望每一門課快結束時，皆能使他們在某些方面有所長進。這希望超越了課程的主題、學生的背景，抑或學生是精明老鳥或菜鳥等個別差異。

在同學們對於小班教學如何造成重大影響的報告中，指出兩項格外值得注意的因素：首先，小班級使老師對於每一位學生都能瞭若指掌；其次，老師得以運用某些在大班級中無法施展的教學方式。

當問到哪種小班教學的方式成效格外顯著時，許多學生都提到老師們採用的一種課程組織技巧：讓班上的同學因為某個**爭議點**而凝聚在一起。安娜・克拉克（Anne Clark）請學生們舉出印象最深刻的小班課程。不少學生描述的，都是那些教授刻意製造對立爭執，並且在指定作業中設下圈套，好讓壁壘分明的兩組學生爭鋒相對的課程。

無論議題的焦點是租金控制、外交援助或是安樂死，這技巧都能緊緊抓住同學們的注意力。根據他們的說法，條理分明的爭論能激發兩方提出最棒的想法，學生會十分用心參與。有許多人表示，那些被指定為某個特定立場而辯護的學生，會利用課餘的時間碰頭，以便模擬他們的論證。因此，假如教授的目標是要讓學生們全心投入，這種涇渭分明的論戰將可收到立竿見影的效果。反過來說，學生們或許也希望嘗試這種型態的課程。那些已經領教過這種上課方式的同學們，均抱以高度的肯定。

在一堂文學結構分析的高級研討課上，連我在內共有八名學生選修。教授對我們說，她剛參加完一場座談會，作家瓦德．賈斯特（Ward Just）在會中說到：「在我寫的書裡，我總是在大約三十五頁之前，確保讀者全盤掌握書中每位主角的謀生方式。在我看來，幫助讀者了解書中所有角色的來龍去脈，是一件很重要的事。」

我的老師於是為下週的研討課，指定兩本書要我們閱讀。其中一本的作者便是瓦德．賈斯特，這本書的結構方式完全比照上述所言。另一本書由不同的作家所寫，這位赫赫有名的作家，對於讀者了不了解書中人物的謀生方式，顯然一點也在意。而老師要求每一位同學，針對贊成或反對賈斯特的觀點預作準備。儘管我們並未實際分成兩組人馬進行辯論，而是要求我們每一個人自行決定立場，但很顯然地，老師的心中期待著某些爭執出現。

事實上，她如願以償了。我們當中有三名學生，採取了和賈斯特先生相同的立場。而其他五名學生，則持強烈的反對意見。這堂課就和整學期其他的課一樣生猛有力。進入討論後約半小時，有位女生說她不得不留意到，那三位支持賈斯特論點的人，恰巧是班上的三位男同學；而那些反對的人，剛好是班上的另外五名女同學。她不禁納悶：「難道這意味著什麼嗎？」可想而知，這個問題又引發了一場更加激烈的討論，重點是作家和讀者的性別差異，如何影響我們對於作品結構的看法。

帶領小班級的授課老師，或許會發現這個方法頗值得一試。對此學生們提供了一個簡單的模式：老師們只要為下週的課指定一項閱讀作業，並邀請學生針對某個經過審慎定義的爭議，預先準備好支持或反對的論點。

有個例子是發生在經濟學專題研討課上。在這門針對福利政策與貧困經濟的討論課上，共有十位學生被分為兩組，每組各有五名成員。老師為下週的法規分析專題，指定這十位學生分頭閱讀幾篇不同的文章。其中有一組被要求提出論點，做為低收入的租戶爭取市區租金控制的施行考量。另一組同學則被要求提出具體的主張，以反對這項租金控制政策。在這種辯論形式之下，學生們必須通力合作，以便為下一堂課預做準備。他們必須事先揣測對方將提出的論點是什麼。

有位對於這種專題研討課頗有經驗的學生指出，在這整個過程中最富挑戰的部分，便是課後的家庭作業了。老師會要求每一位贊成租金控制的小組成員，回家後寫一篇反對這項做法的報告；那些反對租金控制的小組成員，則要寫一篇贊同的報告。學生們認爲，這項作業對於他們之前在辯論上所下的苦功，眞是絕佳的報酬啊！

有好幾位同學津津有味、眉飛色舞地談到這個經驗。當小班級制的專題研討課收效良好時，不但可以帶來豐碩的學習成果，而且比起大部分的大班教學，這種方式對於學生的要求，也來得嚴苛許多。

家庭作業的成效

在這門個別指導式的課程一開始時，不用說，只要可能的話，我寧可選擇一個人獨力完成計劃。用不著麻煩別人，想做就做，隨老子高興。我不必擔心別人的想法，或是他們的工作方式。而在經過這門個別指導課的洗禮之後，如今我以完全相反的答案，奉勸大部分的學生。我想分享的最大心得是，團體作業幾乎得完全仰賴人際關係，方能圓滿達成。

我想有些大人們，雖然無時無刻這樣奉行著，但他們很可能不知道，或者根本就忘了，學會這個教訓是一件多麼困難的事。在這個分工合作的小組裡，除了大量的經濟學和分析方法必須熟悉之外，我還得學會某些事，才能成為小組裡有用的一員。首先，我必須學會如何提出建設性的批評。接著，我必須學會如何提出建設性的論點。然後，我必須學會如何以建設性的方式，反駁對方的看法，即使我暗地裡認為，這個看法簡直蠢斃了。最重要的一點是，小組裡的每一位成員，都要學會如何信任對方。說真的，我們開始覺得成了一個小型的共同體。這真是個美妙的經驗。在此之前，任何一項課業都不曾讓我有過這樣的感覺——部分的原因是，我總是單槍匹馬地完成這些任務。

大多數的大專招生資料上都寫著，每學期平均有四門必修課。提到課業負擔時，這些簡章通常會言明，學生們應該爲每一小時的正課花兩到三個小時預習。事實上，我們從哈佛大學得到的訊息是：每週，這些大學生正式上課的時間約爲十二個小時，但大約花三十個小時在課外的研究、閱讀、寫作，以及準備工作上。

我和其他的教職員在討論有關課程項目與課程結構的過程中，發現一件相當有趣的事，除了上述這項學業和課外時間安排的重點之外，我們的討論有百分之九十集中在什麼樣的教材和想法應該被納入。至於家庭作業的細節，則鮮少受到關注。因此，若是能從學生的身上得知作業應該如何設計，以及該用什麼樣的方法要求學生完成這些作業，對老師們來說想必是十分要緊的。在家庭作業的設計以及要求學生們完成作業的方法上，即使只有毫釐之差，對於學生們的熱中程度和學習效果，將能造成千里之別。

我們向幾位即將畢業的大四學生，請教以下這個問題：「你認爲哪些課程對你影響最大？爲何這些課程會造成如此重大的影響？這些課程的結構又是如何安排的呢？」訪談的結果令人大開眼界。我們從中得知，學生們課後如何研究和做功課，遠遠比老師的上課方式，更能激發學生們的投入和學習。由此看來，家庭作業的設計不容小覷。

尤其是利用課後時間參加由四到六人所組成的讀書小組，這些學生們的收穫最是可觀，即使每週只聚會一次。這些學生在碰面之前，總是先各自做好份內的作業，而他們的聚會便是圍繞著這些作業的討論。結果因爲小組討論的緣故，使這些學生比起其他同學更爲投入，也準備得更加充分，學習成果顯然也更爲豐碩。

這項發現使老一輩的教授們，對於家庭作業的看法完全改觀。記得我還在上大學時，關於家庭作業有項十分明確的規定。老師們總是一如既往地宣佈，家庭作業必須獨立完成，討論是嚴格禁止的，絕不容許和其他同學交換意見；凡是在課後和其他人合力完成家庭作業，便算是作弊行爲。

如今，老師們已經改變了家庭作業的指定方式，同學們也改變了做家庭作業的方式，因此老師們所傳達出來的訊息，應該和昔日完全相反才是。他們不但不該阻撓課外的通力合作，還應該舉雙手贊成。他們不但不該視這項做法爲一種作弊行爲，事實上還應把它當成可以提升學習的方法大力推薦。因此，爲了因應這項發現，老師們勢必重新思索他們的基本假設。

在此，我可以提出哈佛大學因爲這項發現而做的一些改變。其中有個例子發生在自然科學課上。在大多數的校園裡，基礎科學的安排方式，仍然和我讀大學時一模一樣：學生們通常得按時繳交一些問答題，然後有一些小考和大考。至於學生們的課外學習方式，則任君決定——唯一的要求是，教授們希望學生獨立作業。

近年來，許多領域的基礎課程，特別是自然科學方面，開始有了不同的做法。教授們不但留意到課後讀書小組的重要性，有些教授還會親自加以分組。小組聚會時並不點名；至於同學參不參加這類的小組，也沒有硬性規定。有個顯而易見的改變是，學生們感覺自己受到邀請與鼓勵，並在課程的學習上確實受到殷切的期待。

除此之外，許多老師重新編排家庭作業，使它們確實按照小組所設計的一般。老師既可指定教科書裡的幾個章節，也可安排一些問題研究，引導學生們在上課前準備相關的閱讀。這些問題的研究對於任何一位學生來說，恐怕過於複雜與細膩，以至於無法回答得淋漓盡致。小組成員顯然可透過相互合作、預做準備，以及事先討論功課的方式，使彼此蒙受其益。

不過，我也應該舉出某些不適合實施這種集體作業的課程。在某些特定的情況下，各自奮鬥的傳統形式或許是較好的選擇。不過，既然有這麼多的學生都異口同聲地表示，這種小組式的分工合作，有助於提升他們對教材的理解，因此任何一位教授都不妨考慮，在課堂上加入這類型的作業。

此外，關於這種課後小組的合作方式，學生們還提出另外一點。他們強烈地感覺到，學習成果仍然是按照個人的狀況定奪的。那些把參與小組溫習作業，看得比吃晚飯還重要的學生們指出，每一位小組的成員，仍得展現出個人的學習成果。每位學生都得一夫當關地接受幾次隨堂測驗、三次大考和一次期末考；到了最後，每位學生還是得展現出個人眞正的實力。這些學生們都不贊成集體評分的方式。他們的建議只是，既然課外的合作關係有助於許多學生的投入與學習，教授們或許可以積極鼓勵這種合作方式。

注重寫作的課程

在學生們想要加強的能力當中，「寫作技巧」被提到的次數是其他技巧的三倍之多。大半的學生都知道，他們在大學裡需要大量的寫作。而多數的學生更認爲，即使到了畢業之後，這個技巧仍然十分重要。當被問到他們是如何在寫作方面下功夫時，那些進步最神速的學生，都表示這需要經過一段密集的訓練。這些學生或許會求助於教授或是寫作指導者，也會和讀書小組的成員定期聚會，以互相切磋文章。無論採取何種方式，投入的時間越長，進步就越顯著。

其他的校友們更是肯定寫作的特殊價值。羅斌・沃思（Robin Worth）在她的博士論文中，針對一九七七年某個班級的學生進行調查，如今這些校友們都已邁入不惑之年。她所提出的問題之一是：「以下各項技巧對於您**目前的**工作與目標重要性爲何？」接著她列舉出十二項技巧，包括「使用定量工具」、「指導與監督的能力」等。其中有超過百分之九十的校友，都認爲「優越的作文能力」對於他們當前的工作而言，具有「非同小可的重要性」。

學校裡的老師們對於寫作的重要性也深表贊同。當被問到希望在我們的研究當中，深入探討學生哪一方面的成長時，許多人都選擇「寫作」這一項。因此，我們針對三百六十五位大學生，深入調查他們的寫作經驗。在這項具體而微的調查中，我們發現，對於大多數的同學而言，寫作在其學術生涯——與學術成就上——皆扮演著重要樞紐的角色。

此外，我們也請六十位即將畢業的大四同學，提供一些建言給學校的老師以及學弟妹們。這些建議包括：在什麼樣的情況下，學生們最容易接受寫作指導？哪些寫作上的指導對他們最有幫助？哪些指導則是最徒勞無功？

寫作與學生投入程度

我們請這三百六十五位大學生，描述他們目前正在選修的課程。其中有三個問題出現特別明顯的答案。第一個問題是：和其他的科目相較之下，您認為對這堂課**付出時間**為何？第二個問題是：您認為這堂課對於**智力的挑戰**有多高？第三個問題則是：對於這堂課您**個人投入**的程度為何？

此外，我們也要求受訪者描述每一堂課對於寫作的需求有多高。平心而言，為一堂歷史課寫個五頁的報告，的確不能和生物課上的五頁報告相提並論。不過，綜觀數十堂課，我們還是獲得了一些通盤的概念，知道學生如何因應不同的寫作要求。

調查的結果令人為之驚愕。一門課的寫作份量，對於學生的投入程度——無論是根據學生花費在該門課上的時間、該門課所引發的智力挑戰，或是學生的興趣與否來衡量——顯然比其他因素有更為重大的關聯。寫作的份量也比學生們對於教授的印象，更強烈地影響他們的投入程度。此外，就連學生當初為什麼選擇這門課（因為它是必修課或選修課；因為它屬於主修領域或非主修領域），都遠遠不及寫作對於學生投入程度的影響力。由此看來，某一堂課所要求的寫作份量，和學生對於這堂課的投入程度，具有相當明顯的關聯，這說明了寫作的重要性不能等閒視之。

且讓我們想想以下這幾個主要的發現吧！第一，每學期必須完成正式報告二十頁以上的課程，比那些未曾指定任何正式書面報告的課程，多耗掉學生幾乎兩倍的時間（兩者所佔用的時間比，分別是每週十一小時和六小時）。換句話說，寫作的要求越多，學生所投注的時間就越多。

第二，學生們認爲，某堂課所帶來的智力挑戰，與它所要求的寫作份量息息相關。寫作的要求越多，所引發的智力挑戰也就越高。

第三，學生們坦言，書面作業對於課程的投入程度，具有不可忽視的影響力。當然大多數的老師都希望學生能夠全心投入，那麼，他們最好把這發現放在心上。

書面作業的安排

按照慣例，許多老師總是要求學生們完成特定份量的書面報告——比方說每學期寫一篇二十頁的正式報告。但在那些成效特別卓著的課堂上，教授們是如何安排這些指定作業？對於打算要求二十頁書面報告的老師們來說，是應該把作業分成兩份、各佔十頁的報告好呢？或是二十頁一次稿定？還是分成五頁、繳交四次好呢？

從學生身上，我們可以清楚地得知，在書面報告總頁數不變的情況下，假如要求繳交的次數越多，也就是每次完成的頁數較少，學生花費的時間也就越多。這個模式十分固定。當學生們被要求完成四份五頁的小報告，而非一份總數達二十頁的大報告時，將會多花百分之四十的時間——前者每週約十二個小時，而後者則不到九個小時。因此整個學期下來，所造成的時數差異就相當可觀了。

實際份量知多少

在我們檢討大學成果的頭一年裡，有一回我邀請美國教育部長威廉・班內特（William Bennett）先生，前來參加我們的會議。我請他就高等教育的評量發表一些看法。在這些見解中，他特別強調，儘管我們對於制度性改革所進行的評估，宗旨相當吸引人，但他不禁懷疑，我們是否有人能夠針對學生的實際作為回答幾個基本問題。比方說，他問道：「貴校學生確實的寫作份量為多少？在座有人知道嗎？」

隨著問題而來的是短暫的沈默。好幾位與會人士都向班內特先生拍胸脯保證，本校學生寫作的份量可多著呢！然而，他卻回答：「你也許是對的。但證據在哪兒呢？而且請注意，我問的可不是『他們寫得有多棒』這麼困難的問題。我問的只是，身為老師的你們，要求學生的寫作份量是多少呢？」

好吧！當時我們不知如何回答，但現在我們知道了。如今我們可以舉出好幾點說明本校學生實際的寫作份量，不過這些數據並不包括專攻物理的學生，因為他們所寫的實驗報告或是問答題，自有其不同的形式。

如今我們可以胸有成竹地回答這個簡單的問題：姑且不論長度，你知道本校的學生，每學年要撰寫**幾份**報告嗎？答案是：有百分之七十一的學生，每學年要寫十份以上的報告；只有百分之六的學生，每學年的書面報告不到四份。倘若不管**報告**的份數多少，只問每位學生每學年平均撰寫的**頁數**是多少的話，那麼答案是什麼呢？數據所顯示的是類似的結果（同樣地，這些資料也不包括那些專攻自然科學的學生在內）：每學年有百分之八十三的學生，需要繳交至少六十頁的報告。**最低門檻**是六十頁。有一部分的學生甚至需要繳交上百頁的報告。這些結論對那些肯定學生應該要大量寫作的老師們來說，毋寧是個大好的消息。而每學年寫不到四十五頁報告的學生，則只佔百分之十。

我們的調查強烈地傳達出學生們對於一流文章的重視。這些調查顯示出，若能把大量的寫作納入課程，將有效地提升學生的投入程度。或許更值得注意的一點是，我們其實可以很輕易地掌握任何一所學校裡學生實際寫作的份量，這些數據是很容易取得與分析的。而且數據顯示，這群學生不但願意加強他們的寫作能力——事實上，他們也的確正在努力當中。

如何強化寫作能力

有些學生在大學時寫作能力突飛猛進；有些學生則進步相當有限。我們的訪談結果顯示，那些有著長足進步的學生，擁有某些應付寫作的特殊方式。而指導這些學生的老師們，通常也會以某些特殊的方法從旁協助。藉由這些心得交流，學生和老師將可從雙方的經驗中互蒙其利。

在與六十位即將畢業的大四同學進行深度訪談之後，出現了一些頗有用處的觀點。這些學生們針對大學四年在寫作上的努力，提出了一些看法。於是我們從這些高年級學生的經驗中，歸納出三項有關如何加強寫作的具體建議；每一項建議都是針對一個問題而來的。

第一個問題是：我們應該在什麼時機強調寫作的重要性呢（特別是長篇報告的寫作）？許多學生的答案令人大感意外。大多數的學生認爲，強調寫作重要性的最佳時機，應該是在大三和大四這兩年。他們解釋道，儘管乍看之下，一年級的學生可以從密集的寫作指導中獲得最大的益處，但他們卻相信，這些新鮮人此時仍爲許多新的課業要求和大學生活的適應，忙得不可開交。這些大四學生覺得，他們在大一那年實在無心領會寫作上的指導——儘管許多學生回想起來，覺得那是一件很棒的事。不過在當時，大半的人只會意興闌珊地把它看成是「另一門必修課程罷了」。

相較之下，大三和大四的學生已經克服了那些入門障礙。這群大四學生指出，唯有當學生眞正**想要**時，寫作上的指導才會發揮最大的輔助功效。因此，只有等到大三和大四這兩年，學生開始面臨一些要求繁瑣的研究報告時，眞正的效果才會產生。這群大四學生強調，當他們到了大三那年開始爲小班制的專題研討課撰寫長篇報告，以及到了大四那年著手進行畢業論文時，變得極渴望加強寫作能力。

第二個問題是：在什麼情況下，寫作指導會最有幫助？這群大四學生的回答，幾乎是有志一同的。他們認爲，**當寫作指導是以一門學科做為基礎時**，將得到最豐盛的收穫。傳統的寫作練習——比方說「請爲去年暑假是如何度過的，撰寫一篇長達五頁的文章」——往往只帶來些微的幫助。學生們呼籲，寫作指導應該奠基於更加實際的狀況。他們的理想是，這些寫作指導最好和某一堂課的指定作業結合。有位大四學生不諱言地指出，當歷史教授要求她撰寫一篇有關文藝復興時期如何開始賦予女人權力的論文時，她便開始覺得十分需要寫作上的指導。

第三個問題是：在寫作指導上，最常犯的錯誤是什麼？許多學生均不假思索地指出一個讓他們經常感到沮喪與挫折的情形。儘管並不常見，但至少有五分之一的學生會遇上這個問題。那就是當老師似乎忘了這篇論文是誰寫的，而不小心以老師的口吻取代學生的口吻時，造成學生們的沮喪心情。有位年輕女孩針對某一堂文學課，如此表達她的觀感：「我的教授十分認眞，對我也十分用心，因此我寫了許多份草稿。但她卻老是想把她的觀點，強加在我的論文上。搞到最後，我眞想告訴她，儘管她對我的文章修改得不錯，但現在，這已經變成**她的**作品了，所以，我已經打算用一個全新的題目來寫我的論文了。」

我請這六十位大四學生，描述他們對於寫作態度的轉捩點。其中有位男孩說了一則故事，陳述他在大二那年，和其他四位同學參與了一堂歷史與科學的輔導課。在學期開始之初，教授給了這五名同學一篇簡短的作業，亦即要求每位學生閱讀一篇近期刊登在科學雜誌上的文章。這篇文章涉及一些科技儀器，不過許多觀念都是平易近人的。而這五位學生全都得做一件事：撰寫一篇四頁的報告，以歸納這篇報告的重點所在，並強調這篇研究的新發現是什麼。

到了下一堂課，老師便要求這些學生當衆朗讀他們的文章。據這位年輕人表示，他所聽到的彷彿是四篇針對不同研究所做的科學報告。輪到他的時候——他最後一位發言——其內容所強調的重點，也與之前的四位南轅北轍。

接著，這位教授便將課堂討論的重點，圍繞在寫作的技巧上。他指出，他並不是要求這群學生們寫說明文，而是要他們為一項平鋪直敘的物理實驗做出摘要。他發現，倘若有人沒讀過原文的話，恐怕無法從這幾篇摘要報告中，得知原文說的是什麼，以及重點所在。這位大四男孩再次重申，這個經驗讓他學會把握精確寫作的重要性，以及促使他不得不去思考所謂創造性、說明性、分析性以及科學性文章的區別。

另一則可供借鏡的故事，則發生在一位年輕女孩的身上。她告訴我們，儘管她對寫作十分在意，但她不認為自己能寫得一手絕妙好文。她始終不敢把長篇報告的草稿拿出來，請求老師過目，於是把她的顧慮向一位朋友透露，而這朋友專門為哈佛大學所發行的一份日報《哈佛紅報》（*Harvard Crimson*）撰稿。

這位友人告訴她，報社的編輯總是鐵石心腸、毫不留情地批判別人的文章。但這種嚴酷而有益的批評，正是許多為《紅報》擔任撰稿員的學生們，感到最刺激的地方。這位友人建議她，不妨找幾位志同道合的朋友，共同組成一個寫作諮詢小組。

於是她照辦了。每當任何一位組員有一篇夠份量的報告希望討論時，她和其他三位同學便會聚在一塊。這個小組只有兩項規定：第一，若希望自己的報告獲得他人的回應，至少得準備兩份以上的草稿。第二，其他的三位同學，不准爲當事人做逐字逐句的編輯與修繕。

這群人大約每週碰面一次。在大四這年，四位同學平均有六份長篇報告需要撰寫，合計起來便有二十四份報告等待討論。這位女同學將這個小組視爲她的「轉捩點」，並說這是她在大學裡目前爲止最花時間的一項任務，但她卻不想錯失任何一次碰面的機會。當描述這個諮詢小組對她的寫作產生什麼影響時，她的熱情表露無遺。對她而言，一份原本令人沮喪的工作，如今成了一件愉快的事。

學生給學生的建議

當我們整理六十位大四畢業生的故事時，有幾項建議總是反覆出現。

在一對一的會談中，多提出一些具體問題

在老師和學生面對面懇談的過程中，那些勇於提問如何改進論文的學生，往往會比那些吝於啓齒的同學受益更多。這類的會談也許發生在基礎寫作課上、小型的專題研討課上，或是大型課程的某一節裡。縱然有些學生擔心，問問題會讓他們顯得較不聰明，

但在教授的眼中，舉手發問的學生其實比那些噤若寒蟬的人，更努力於改善他們的作業。

在此，「具體」是個關鍵的字眼。無論是學生或是老師，對此都應該用心細想。當深夜來臨，學生們坐下來準備修改他們的論文時，一些模稜兩可的建議，例如「想法要更有創意」、「主要觀點的介紹方式應該更具想像力」等，對大多數的學生來說，都是幫不上忙的。若是指導老師能提出一些具體而實際的建議，比方說如何著手改善一篇初期的草稿，對學生來說，才是價值連城的。

窮追不捨地尋求回應

有時學生們自認為了解論文上的評語，但老是得到同樣的評語，那是因為他們並未眞正了解老師所指的意思。那些進步最神速的學生，若有兩篇以上的論文得到相同的回應，往往會主動出擊。他們會去找老師，並請老師和他們一同瀏覽這些評語，以確保自己完全掌握箇中要義。

請求舉出具體的實例

那些進步最顯著的學生，往往會請老師指出論文中某些具體的段落，以便徹底了解老師的批評究竟指哪些地方。此外，央求老師指出問題所在的段落，也能幫助學生在做修正時知道自己需要注意的重點。

尋求旁人的協助

許多學生發現，若能從他人身上獲得一些額外的觀點，對他們的論文將會有所幫助。因此有些學生會排出額外的時間，和老師們討論想法或是研究初稿。其他的學生則會造訪學校的寫作中心、朋友、同學或是室友，聽聽他們的評論。假如學生們要求這些論文閱讀者，只須評論某些特定的地方，或只須回答某些特定的問題，那麼對方的論點將會更有幫助。

詢問修改的方法

學生如果不知道該從何處下手修改他們的論文，或是不確定修改的方式時，他們應該請指導教授提供一些寫作練習，或是一些具體的方法，以幫助他們清楚掌握修改的要領。

對學生而言，寫作的重要性和加強寫作的方法，是個百談不厭的重要話題。此刻我想分享一些心得，當教職員在思考如何設計課程時，會發現這些心得頗爲受用。根據學生們表示，將書面作業和某個課程結合起來的做法，對於提升他們的學習成果具有特殊的影響力。

我們要求那六十位即將畢業的大四學生，思索一下這幾個問題：「回想一下你在大學上過的所有課程。請問：哪一門或哪幾門課對你的影響最大？無論是影響你的思考方式、學習方式或是對生命與世界的看法都可以。並請描述這些寶貴的課程是如何安排的？」

主要的發現完全出乎我的預料之外。學生們指出，那些爲他們帶來重大影響的課程，往往要求學生必須撰寫報告，而這些書面報告不只是針對教授們而寫，對象還包括班上的其他同學。

有好幾十位學生，十分詳細地描繪出整個過程。他們指出，這套方法最適用在小班的課堂上，特別是那些每學期必須繳交好幾份書面作業，以及教授們會領導學生們一同討論的課程。假定這是一堂每週碰面一次的專題研討課，每次上課時數為二到三小時，那麼：第一個步驟，即是要求所有的學生責無旁貸地完成每週的指定閱讀；第二個步驟，則是要求幾名學生（好比說三位），每週必須撰寫一篇額外的作業，並在上課的前幾天完成。

接下來，這三位學生必須為研討課上的每一位同學，影印一份他們所寫的報告，將報告放在教室的某個角落，好讓班上的每位同學在下一節課開始之前，都可拿來閱讀。這些報告於是成了當週上課時的指定閱讀之一。因此，討論的焦點既可圍繞在這三份報告上，也可針對老師指定的正規讀物。

上過這種課的學生，對於帶來的種種好處讚不絕口。第一個好處是，那些負責撰寫「當週報告」的學生，必須焚膏繼晷地努力，才能圓滿達成這項任務。畢竟，他們的成果並非只給老師一個人過目，而是班上的每位同學都將拜讀的。其次，由於寫作的對象是一群平起平坐的同學，學生們將因此得到充分的學習。就慣例來說，當學生的報告是為了老師而撰寫時，他們所假想的對象，是一位對該篇題目早已瞭若指掌的專家。因此，他們無須費盡心思去解釋一些基本假設，也用不著鉅細靡遺地闡述每一個論點。然而，若是以同學為寫作對象，就必須採取不同的途徑和口吻。好幾位學生都表示，當第一次被要求這麼做時，他們掙扎了好幾天，挖空心思於如何改變原來的呈現方式。畢竟，爲同儕提筆，和只爲教授一人而寫是大異其趣的。

除此之外，這簡單易行的主意，還能帶來其他的好處。不少學生會將閱讀班上同學的報告，視爲優先的要事。因爲他們知道，這事遲早會落到自己的頭上，屆時班上的同學也將閱讀與討論自己的作品。既然班上所有的成員都想做好閱讀的工作，不但嚴肅以對，而且深入研究，如此一來，課堂上的討論當然是精采可期囉！

對於這課前分享報告的做法，部分大四學生還舉出另一好處。他們說，觀摩同學的作品爲他們打開了新的視野。當他們看到，而且經常是第一次發現，原來一個論點可以用這麼多不同的方法呈現，日後寫起文章時更覺得如虎添翼。還有許多人補充道，除了可以見識不同的寫作和表現方式之外，他們現在已經能夠判斷出作品的高低優劣了。

請注意，這個方式乃是利用學生和老師之間，以及學生彼此之間，針對某些具體觀念和學術課業進行交流。當學生的報告在全班同學面前展現之後，原本只有老師一人可以看到的不同風格和論點，如今每位學生都可飽覽無遺。大多數的人都因此而愛不釋手。

一分鐘報告

當我們詢問老師和同學，哪一項改變最有助於當前的授課和學習情形時，有兩點想法都被老師和同學們提出來：第一點，必須提升學生對於「通盤概要」以及「重點」的認識，而非只專注在某個主題的細節部分；第二點，必須從學生身上定期發現有用的反應，如此一來，教授便能在學期中及時修正。

大多數的大專院校都會採用課程評量表，每學期結束後交給學生們填寫。這些評量表將給教職員們許多有用的資訊——包括學生們對於某些主題的接受度如何？不同課程的安排方式如何？哪一本教科書最有幫助？哪些問答題最有助於學習？不過，教授們通常得等到課程結束後，才會得到以上資訊。儘管這對於下學期來說是有用的，但對於下一堂課或是下個星期來說，顯得鞭長莫及。許多老師因而指出，若是能夠在課程進行**期間**，即獲得學生們的反應將更有價值，因為此時無論是立即更改或修正，都還是可能的事。

加州柏克萊大學高等教育榮譽退職教授派翠夏．克羅斯（Patricia Cross），建議了另一個簡單易行的方法，叫作「一分鐘報告」，同時著眼於概要的掌握以及學生的回應。

這個主意是利用下課前的一、兩分鐘，將老師的授課內容以及同學們的討論做個總結。然後要求每位學生拿出一張紙，以**匿名**的方式簡短回答以下兩個問題：

一、你從今天的課堂上所學到的重點，亦即主要概念是什麼？

二、你對今日的課程還留下哪些尚未解決的重要問題？換言之，你內心「最大的謎團」是什麼？

教室的門邊放了一個箱子，學生們在離開教室時，可將紙條丟進箱子裡。而教授會將這整堆匿名報告拿起來，花五分鐘左右的時間逐一瀏覽。結果將如同派翠夏・克羅斯所指出的：「你將會驚訝自己竟然可以在如此快速的時間內，精確地掌握學生們所理解的內容，以及他們搞不清楚的地方，你甚至可獲得一些有關下一堂課的好點子，做爲這些一分鐘報告的回應。」

這個再簡單不過的點子，目前正風行於整個哈佛，以及多所大學校園裡。此項做法邀請學生們給予反省和回應。有些經驗老道的教授表示，這正是他們任教多年來見到所謂「小投資，大報酬」的例子之一。

我的同事，也就是哈佛大學甘迺迪政府學院（Harvard's Kennedy School of Government）的

資深教師，近來也開始在他的經濟學課堂上，採行「一分鐘報告」的方法。他相信這些一分鐘報告有另一項未被道出、但卻十分重要的邊際效益，那就是，由於學生們知道上課結束時會被要求塡寫這些報告，因此他們的思緒得以集中。學生們會不斷提醒自己：「這堂課的重點在哪兒？」「什麼地方我不清楚？而我該如何才能寫出條理分明的句子，以表達我的困惑呢？」整堂課他們都會戰戰兢兢地思索著該寫些什麼。如此一來，這個不費吹灰之力的課堂習題，便有助於學生們集中精神。

另外，這位同事還補充道，若是在每節課一開始，快速地瀏覽上週所留下來的一分鐘報告，將有助於建立課與課之間的連貫性。同時，這也爲他提供了一個可以輕鬆自在釐清誤解的機會。我有好幾位同事都注意到，學生們十分樂於見到教授立即而明確的回應，特別是當某一堂課進行得並不順利時。

佛雷德瑞克・莫斯特勒（Frederick Mosteller）也在他的基礎統計方法課上，採用「一分鐘報告」。他甚至加上另一步驟，擴大了這方法。也就是在每堂課結束之後，他會把學生們的一分鐘報告彙集起來，整理出簡短的結論，然後在下一堂課時發給每位同學。學生們發現這份講義受用無窮。這樣做使老師可以迅速得知，學生們明白了哪些地方，以及還有哪些地方仍有待加強；此外，學生們也可從這些回應的彙整中得到收穫。每位學生都能清楚看見，班上同學的理解與困惑各是什麼，也知道他們個人的問題，是否爲多數同學所共有。

在一篇名爲〈以提出課堂上的疑惑做爲回應方式〉（The Muddiest Point in the Lecture as a Feedback Device）的文章中，莫斯特勒描述這項創新的方法如何改變他的教學工作。根據他的估計，每堂課他必須多花半個小時，整理出這些總結：「我所準備的講義中，有六份是爲了因應這項做法，否則可能不會去準備，另外有兩份則是無論如何必備的。」每堂課一開始，我則會花上六分鐘左右的時間回答這些問題。此外，每堂課大約會提早幾分鐘結束，好讓學生能夠完成這項報告。因此，整節課（總長五十三分鐘）有百分之十五的時間被挪做它用。

而學生方面的情形又是如何呢？莫斯特勒說道：

> 在我等候時，有些下一節似乎不用趕著上課的學生們，會慢條斯理地思索他們的回答，一副很滿意的模樣。我完全感覺不到，有任何人是在上課以前，就把這些答案準備好。沒有人向我抱怨過有關正課時間縮短的事。假如你跟大部分的人一樣，都相信學生們的參與可以增進學習的話，那麼，這項方法不但有助於提升參與的熱度，還能使每一堂課維持一定的水平。

綜觀而論，這項「一分鐘報告」有許多好處。也許不見得所有的課程都適用這方法，但它卻完美地符合羅伯・威爾森（Robert Willson, 1986）對任何一種珍貴的教學新方法所列出的四項好處：

第一，能夠使學生更加主動地聆聽。

第二，能夠幫助老師辨認出哪些學生需要格外的協助，或哪些學生在上課前並未做好充分的準備。在最佳的情況下，還能幫助學生判斷自我的表現如何。

第三，能夠關照並提升學生們的寫作能力。上週所寫的回應，會比前幾週所寫的更長、更周到也更有條有理。

第四，能夠保證學生們在課堂上獲得實質的成長。

關於自然科學課程的迷思

許多同仁都希望能在自然科學上多用點心，他們警覺到一個全美日益關注的問題，那就是專攻自然科學的學生有如鳳毛麟角。另一個必然的結果是，非專攻自然科學的學生，對於這方面的知識簡直少得可憐。我們能從大學生們對於自然科學課程的省思當中，學到什麼教訓呢？在哈佛大學裡，每位大學生至少必須選修三門這類課程。他們所體會到的經驗是什麼呢？他們是否有一些實用的建議，可提供給學校裡的老師呢？

從我們的研究中可以清楚發現，人們對於自然科學課程，充滿各式各樣的誤解。有一小部分毫無根據可言的迷思，經常被人提起。這些觀點對於無論是否選修自然科學課程的學生來說，都將造成深遠的影響。且讓我們快速地瀏覽六個常見的觀點，有些較爲正確，有些則不盡然。

第一個看法是，**大部分的學生在進入大學時，對於選修自然科學課程都感到興趣缺缺**。這是個錯誤的觀點，至少在哈佛大學以及其他多所學校裡是站不住腳的。那些專攻數學、自然科學、電腦工程、機械工程的學生們，對於這些科目展現出強烈興趣，比起選修其他課程的學生有過之而無不及。這個情形無論是男生、女生皆然，是個鐵證如山的事實。

第二個看法是，**自然科學課程的老師對於研究的重視，會讓學生們感到挫折**。這又是個錯誤的觀點，且幾乎與事實背道而馳。數年前，我們向六十位同學請教了這個問題，結果只有七位學生抱持這種看法。其他五十三位皆不表認同，其中還有許多人強烈反對。在這五十三位學生中，約有半數表示就讀這所大學有個重大的原因，正是衝著該校教授所從事的尖端研究而來。他們希望也能參與其中，至少這是大三、大四學生的心願。他們可不想入了寶山，卻空手而歸。

另一項針對相同問題所做的後續調查，結論也是類似的。在五十位專攻自然科學的大四學生中，有四十二位直言不諱地表示，他們才不願意和不積極於從事研究的教授們合作呢！其中有位學生如此說道：

我當然希望指導教授是位好老師、好好先生，願意不計代價地督導我，能夠隨時登門、永保耐心，並且擁有舌燦蓮花的解說本領。不過，若有位老師能夠達到如此完美的標準，他對研究工作卻不夠積極的話，我就不確定自己幹麼找這傢伙來督導我了。我的目標並不只是了解生物學上的知識而已。我要的比這更多，特別是在大三和大四這兩年。我想要學習的，是如何真正「動手研究」生物學。而我相當清楚，若要動手研究生物學，我得求教於那些已確實著手進行的人。

然而事情多半無法如此圓滿，事實上很少讓人稱心如意。這五十位學生當中，大約只有半數同學表示能夠和指導教授密切合作。不過另外一半的人，充其量只是獲得督導而已，他們原本的期望更高。

學生成功得到廣泛督導的途徑有兩種。一種是成爲研究小組的一員，因而可以和教授在教師實驗室裡共同合作。這個經驗帶來的一大好處，即是能夠和這類小組中的其他同學，有時甚至是其他教師連袂主導這項研究。第二種督導形式，則來自於畢業論文的寫作。這五十位接受訪問的學生，有二十四位指出，撰寫畢業論文是他們在大學裡課業學習的最高峰。毫無例外地，他們都滿足自己的成果。當被問到是和強調教學的老師共事好呢？還是和注重研究的老師合作好？這二十四位學生幾乎有志一同地表示，這是個不太大的問題。因爲根據他們的描述，那些積極從事研究計劃的老師，通常也是最令人折服的老師。

第三個看法是，**許多學生之所以躲掉自然科學課程，是因為他們擔心自己做不來——他們的背景和之前的訓練，都是在加強人文的素養，與數學和科學風馬牛不相及。**這個觀點則是一半對一半錯。因爲，那些選修數學和科學課程只達到校方要求下限的學生們，其中約只有百分之三十的人擔心自己的準備不夠充足，其他百分之七十的學生，則對自己的能力感到信心滿滿。他們之所以不選科學領域的課程，其實是別有原因的。

第四個看法是，**那些刻意逃避自然科學課程的學生，其實是經過一番深思熟慮的，而且後來都很慶幸自己這麼做**。這也是個對錯參半的見解。一方面，幾乎所有的學生，都是在深謀遠慮下做出選課的決定。另一方面，並非所有的大三、大四學生都不喜歡選修自然科學課程。

有道訪問題目引發了這個結論。我們在畢業前夕詢問那些專攻人文學科的同學們：「你在學術上最大的遺憾是什麼？」這個問題採取自由發揮的形式，歡迎學生暢所欲言。在訪談員沒有任何威逼利誘的情況下，所獲得最普遍的答案是：「眞希望當初能多選一些自然科學課程。」在專攻人文領域的學生中，有百分之三十九的學生如此反應。儘管我不清楚其他學校裡的學生對於這個問題是否答案相同，至少，反省這些想法的大四同學所道出的遺憾，仍然有助於許多學校的莘莘學子。

第五個看法是，**許多學生之所以逃避自然科學課程，是因為此類課業負擔比其他的領域明顯沈重許多**。這看法某個程度上來說是正確的。學生針對不同領域中十二項以上的課程負荷做了評比，根據我們整理出來的結果是，自然科學課程的負荷的確較重，不過就平均而言，和語言課程是不相上下的。與其他人文與社會科學課程相較，所花心力也不過高出一點點而已。

第六個看法是，**自然科學的成績競爭比其他領域來得激烈**。這個看法顯然是正確的。我們請學生就五個不同的學科領域所做的成績競爭評量，便清楚地道出了這點。科學課程的競爭確實遙遙領先於其他四個領域。

自然科學課程老師的忠告

關於學生們在什麼樣的情況下，會對自然科學課程格外喜愛與投入，我們從好幾回的深度訪談中，得到以下四個洞見。

課業負擔與成績競爭

首先，讓我們暫時把焦點集中在那些擁有不錯的數理背景，卻不願選修自然科學課程的大學生身上。許多逃避自然科學課程的學生，都提出一個關鍵性的理由，那就是成績競爭壓力的問題。這個答案讓人忍不住要去質疑它的眞實性。說不定有些人只是不想承擔學習自然科學課程的辛勞，而拿競爭壓力過重爲藉口。

所幸，我們手中握有一些關於學業競爭的具體資料。這些數據是從近期的課程評量上得來的。從十五門學生評定爲整體品質最佳的自然科學課程裡，很容易推測出學生們對於成績競爭以及課業負擔的看法爲何。同樣地，我們也可從十五門評價最低的自然科學課程裡，輕而易舉地得到這兩個數值。結果，那十五門評價最高的課程，學生形容他們的競爭壓力算是輕微而已；對於那十五門評價最低的課程，學生則形容課業壓力較大。

這兩者的差異，就統計學而言幾乎沒有任何特殊的意義，但這畢竟不是重點所在。眞正的重點是，學生們認定好的自然科學課，是那些競爭程度較爲緩和，而非高度競爭的課程。那些喜歡雞蛋裡挑骨頭的人，或許會懷疑這些學生們之所以抱怨競爭壓力，事實上是因爲他們被沈重的課業負擔給打敗了。爲了檢視這點，我們可比較一下那十五門評價最高的課程和那十五門評價最低的課程的功課份量。結果顯示，這兩組的課業負擔幾乎不相上下。事實上，那些認爲**成績競爭壓力較小的課程**，其課業負擔還**相對地沈重一些呢**！不過這一點小差距，在統計學上沒有什麼太大的意義。

一位教授自然科學的老師，可從這些發現中推斷出什麼呢？它似乎顯示出，當學生說他們是因爲競爭壓力的緣故，而不是因爲害怕沈重的課業負擔，才不想選修這些自然科學課程時，他們說的的確是實話。因此，我們是否有方法可以安排這些課程，使因爲強烈競爭壓力而望之卻步的學生——通常是非自然組的同學——能夠勇敢地放手一搏，這是一個值得深思的課題。

讀書小組

讀書小組對於自然科學課程來說，似乎比其他領域的課程重要許多。學生們會不會參與課後的讀書小組，是他們將選修幾門自然科學課程的最佳預測指標。可想而知，那些確實參與小組合作的學生，通常會選修較多門的自然科學課程。

任何一位教授都可輕易地實行這套辦法。無論班上的學生有十名或是兩百名，教授都可鼓勵學生們，以課後小組的方式彼此合作。的確，假如學生們顯得猶豫不決的話，教授還可幫忙**創造出**這些小組。這些小組之所以能使自然科學課程成功，關鍵在於每位小組成員都必須在完成問答題、實驗作業，或是課堂規定的閱讀之後，才可相約見面。若是在此之前便碰面，效果將會大打折扣。藉著做完功課之後的聚會，讀書小組可將重點集中在那些懸而未決的問題上，以及每位學生在獨立作業之下所遭遇的挑戰。有越來越多的自然科學老師，開始鼓勵學生們利用課後的時間碰面，並以這種分工合作的方式，互相溫習家庭作業。

日漸增溫的互動關係

有個最常被學生們提出的建議是：**自然科學領域的相關工作，應該加強學生之間以及學生和老師之間的互動。**許多人認爲，自然科學方面的工作，都是正經八百、不苟言笑的。反過來說，人們認爲人文和社會科學的課程，誠如某位由化學系轉到人類學系的女同學所言，是在「處理人類的問題——無論是眞實生活的困境、人們的歡樂、悲傷或是謎團等」。

當我向幾位教自然科學的老師們提起這個觀點時，其中有位反駁道：「物理、化學和生物學也一樣豐富而深刻呀！只不過是方式不同罷了！」對此我深有同感，有些學生也認同這點。不過，除非老師們格外用心地推廣這個美好的想法，否則，他們可能會繼續流失學生。根據那些選修過自然科學課程的學生表示，最能讓彼此分享這種想法的方式，就是建立起小型的工作團隊，好讓學生之間產生更多的互動。舉例來說，老師們可以在每次重大的實驗之後，形成討論小組。如此一來，學生們無須三更半夜獨自拖著步伐回家，而能夠將他們的發現、挫折或是驚喜立刻與別人分享。這些內容都成了這群年輕科學家之間持續對話的一部分。

某些老師或許會被這項建議弄得一頭霧水。這個做法到底和訓練學生成爲頂尖的科學家有何關係？學生們明白，在實驗過後進行小組討論，只會爲實事求是的科學領域帶來極小的效益。但學生們表示，這些小組卻能夠成就其他更爲重要的事——亦即在大學這個團體裡，奠定一種同心協力的精神。而這精神對於科學研究的成功與否，也有居功厥偉的重要性。這正是學生們翹首盼望的事啊！

當學生們在描述科學課程的教導方式時，總是樂此不疲地提起爲這群年輕的科學家形成這類小團體的教授們。尊敬與感謝之情，溢於言表。有位學生甚至還形容，這類的老師「是對於我的學術課業以及個人而言最具影響力的長者」。

如何吸引並留住更多的學生

稍早之前，我曾經討論過一個錯誤的見解，便是誤以爲大部分的學生在剛進入大學時，對於科學研究都不怎麼感興趣，但數據卻證明不然。在多所學校裡，不少大一新生對於從事某些科學方面的工作，都顯得十分起勁。有爲數可觀的學生，甚至還打算專攻科學，包括電腦科技與應用數學等。

有一大部分的學生都喜歡這種體驗：他們表現得十分賣力，並有一種迎接挑戰的快感；更有許多人選定科學爲終生的志趣。與這群快樂的學生大相逕庭的是，有些人儘管在進入大學時，對於科學已擁有高人一等的知識背景，也計劃要在這方面多加使力，但他們卻很快地轉移到別的領域。

當我們要求他們描述對科學課程的學習之道時，這兩組學生所形容的儼然是兩個完全不同的世界。那些仍然執著於科學領域的學生提到，他們會在正課以外的時間，參加由學生們所組成的研究小組。他們還表示，十分享受和優秀的指導老師之間密切而又親暱的互動關係。相形之下，那些轉移陣地的學生甚少加入研究小組，也絕少和其他人合作。在他們的口中，無論是上課時段或是實驗室的指導老師，都是枯燥乏味的，更重要的是缺乏人性。每天晚上，他們總是遁入自己的房間，兀自咬牙奮戰。

誠如上文所言，那些能夠成功地安排正課和實驗課，幫助學生互助合作的自然科學教授，都受到學生們由衷的讚佩。學生經常用的是「啓迪人心」（inspiring）這個字眼。這些老師會將科學本行以及其他學科的專家們吸引到班上來，他們之所以會成功，並不是基於什麼神秘的個人魅力，或是擁有取悅大眾的高強本領，而是他們在課程安排上得法罷了。

外國語言課程

只有少數大一新生會考慮專攻外國語言暨文學課程。當我們單刀直入地詢問這些新鮮人時，大部分的人對於語言課程的觀感，既不太有興趣，也不覺得特別討厭。對許多人來說，外國語言只不過是一門必修課程而已，若能以最不受罪的方法擺脫掉，是最好不過的了。

在訪問其他學校的數十位同學之後，我發現「興趣不足」確實是個普遍存在的現象。當我開門見山地請學生們解釋他們的觀點時，不少人都提到高中時所領教過的外國語言教學品質。這些課程經常不是由該語言爲母語的老師指導，仍是那種最標準的填鴨式教學。

不過，當哈佛大學的學生眞的以語言爲研究目標時，某些人的確會發生一些巨大的轉變。除了個別指導的課程，語言課程的評價都高於其他領域；這些分數也包括學生們對於課程的整體評價與教學品質等。根據學生們表示，語言課程的功課負擔極重，儘管如此，大部分的人對於課程的內容還是保持高度興趣。

這些評分並不局限任何一種或多種語言，不論是羅曼語（Romance languages，編註：由拉丁語演變而成的法、義、西、葡、羅馬尼亞等語言）、日耳曼語系、亞洲語系、斯拉夫語系或是古典語系——大三、大四的學生皆認定，這些是讓他們成長最多的課程。在選修語言課程的學生中，有百分之六十的人形容，這些課程「雖然困難，但卻樂趣無窮」。

我看到這些反應時的第一個想法是，學生們大概都把學會某項技能——那些可以立刻學以致用的技能——視為一項珍貴的寶藏，外國語言課程更能快速地賜予他們這類技能。接著我又發現，那些完全以外國語言教學的高級課程，其評價甚至凌駕基礎語言課程。這些評分推翻了任何簡單的解釋。此外，這些評價也使我們進一步地針對外國語言暨文學課程，與三百三十五位在校生以及六百七十位畢業校友進行訪談。

其中主要的發現是，凡是選修這類課程的學生，最後都會在這門課花上大量的時間。但他們壓倒性地表示，所獲得的成就比沈重的負擔要高出許多倍。在同時研究語言和文學的過程中，他們得到了一種特殊的愉悅感。

我們發現來到哈佛大學的學生，通常具有相當不錯的外國語言背景。幾乎所有接受調查的學生，都可免除語言課程的必修限制。然而，在先前的一項調查中顯示，只有百分之三十一的學生會運用這項特權，而掠過那些進階語言課程；在近期的報告中，這個數據更是降到百分之二十五。在這所學校裡，有半數的學生會選修一門外國語言或文學課程，而有百分之二十的學生選修兩門以上。

學生們是如何選定哪種語言的呢？畢竟，大部分的學生都受限於高中所提供的幾種選擇。其中有絕大多數的學生，選擇繼續研究高中時代就已經開始學習的語言。而有一些人（百分之十六）除了承襲高中時代所學習的語言之外，會再拓展另一個新的語言課程。另外有百分之十二的學生，會開闢另一個完全嶄新的外國語言領域，與他們在高中時所學的迥然不同。

關於外國語言暨文學的學習，大部分的學生是否都得到有用的建議呢？這個答案是否定的，至少在哈佛大學是如此。事實上，學生們的負面反應顯然居高不下呢！只有百分之十二的學生，表示他們在外國語言課程的選擇上，獲得一些有用的建議。至於其他學校對於外國語言課程的諮詢狀況如何，我手邊並無有系統的資料。然而，我從訪問多所學校的經驗中得到的印象是，許多學校在這方面的情況和哈佛大學差不多。

校友們的建言

畢業校友們都極重視大學時研讀外國語言暨文學課程的收穫。在畢業後的十年內，相當多的校友會繼續拓展他們的語言專長：其中有百分之二十八的年輕校友，自大學時代開始便持續學習一種外國語言，而有百分之十六的人學習兩種以上的語言。

他們對於目前在學的大學生們，提出最鞭辟入裡的建言：盡可能多選幾種語言課程，越多越好。令人印象深刻的是，竟然有百分之九十四的校友都如此表示。半數以上的人（百分之五十七），會苦口婆心的力勸學弟妹們選修外國語言暨文學課程，「即便已經超出了必修範圍之外」。有百分之二十一的校友，則鼓勵學弟妹們不妨到這些語言所通行的國家生活一段時間。另外有百分之十六的人，主張大學生們應該學習一種以上的語言。只有百分之六的校友不贊同，他們力勸學弟妹們應該盡其所能地充分掌握一種外國語言。

熱情的源頭

我相信這些發現所透露的重大訊息是，當課程的編排方式將個人的投入和學生之間的互動交流發揮到極致時，學生們將因此感到興趣盎然。語言課程並不是因爲什麼複雜而神秘的理由才廣受好評的，我們從學生們對於課程品質的答覆中，能很快地找出其受到讚賞的原因。

這些學生們口中所描述的語言課程的面貌爲何呢？通常是小班制的教學，許多甚至不到十名學生。指導老師堅持每位學生都要用心參與，且必須經常發言——即使是生性害羞的學生也不例外。老師會鼓勵學生們參與課外的小組活動。這些語言課程需要定期繳交書面作業，通常是論文或是每週的習作。而次數頻仍的小考，則提供學生們一個可以立即反應的機會，如此一來，他們便能在學習過程中精益求精。總而言之，這些課程已經實現了學生們所提出最能幫助他們投入課業，並且提升學習效果的種種特質，這些特質不論在**任何**科目領域中都是管用的，學生們正是因爲這些特質而愛上語言課程。

5 Making the Most of College

諄諄教誨，循循善誘

Good Mentoring and Advising

締造美好大學生活經驗的條件中，優質的學術指導也許是最被漠視的一項。根據大四畢業生表示，某種類型的學術指導，經常是那些會出其不意地提出問題的諮詢型態，對於他們學習成功與否具有關鍵性的影響。

有位大四女同學提起她在大三、大四這兩年，曾經遇到一位學術指導老師。這位女同學主修政治學，是一位性格特別強悍的學生。她提到幾位曾經求教過的老師，她對這些老師十分敬重，也上過這些老師開的課，反過來說，這些老師也對她個人以及學術專長有所了解，其中有一位老師對她的影響非比尋常。以下便是她的故事精華：

到了大二終了，每當我和教授們一同討論有關研究主題與畢業論文時，對話總是那樣地學術本位，因而在不知不覺中，錯失了將這些學術對話和我個人的價值與信念結合起來的機會。

當時我正在考慮以博士候選人的身分，進入政治學研究所攻讀學位。我已經暗自決定，倘若能夠順利取到入學資格，我將以「暢所欲言」做為報答。我決定不選修那些學術味濃厚的研究主題，因它勢必與我對這個世界的關懷脫節。就在此時，我和我的指導教授碰面了。從我們第一次談話當中，便能看出他了解我希望將最抽象的學術研究，和某些對我個人而言具有意義的項目結合起來。

他劈頭就問我，哪本書對我的影響最大。我告訴他是《聖經》。他對這個答案似乎一點也不感到意外。整件事已經有了不錯的進展。接著，他又請我在專攻的領域之中，舉出五位對我的思想影響最深遠的作家。我隨口告訴他，這五位分別是托克維爾（Alexis de Tocqueville）、亞里斯多德、艾德蒙・柏克（Edmund Burke）、大衛・休謨（David Hume）以及約翰・羅爾斯（John Rawls）。當他笑瞇瞇地說：「我已經開始了解你這傢伙了。」這話在我聽來，就如同銀鈴一般悅耳。他是我所認識的教授中，有興趣了解我關懷所在的第一人，而非隨即擺開學術討論的陣仗，鑽研起羅爾斯對於正義的觀點有什麼利弊，而渾然不知這些對我來說具有什麼意義。畢竟，假如我得耗費數百個小時來撰寫一篇論文，當然希望能夠兼顧個人的旨趣以及學術專長。

然後他又問我，想要深入探索哪些領域。我告訴他想研究的是：注重集體成就與福祉的政治型態，和注重個人福利的政治型態之間，將會產生哪些矛盾衝突？對我來說，這項衝突的研究，或許可以解釋現代民主社會中許多政治學說上的分歧。有別於其他幾位教授，儘管他們也都很優秀，不過老是迅雷不及掩耳地切入抽象的政治學討論上，這位教授卻用一個問題回應我：「妳看過大衛・哈利（David Hare）（譯註：英國著名舞台劇作家，著有《鷹井之畔》、《真理》等劇作）的《天光》（*Skylight*）這部戲嗎？」

嗯……我不但沒看過這齣戲，就連聽也沒聽過。他告訴我，「裡頭有兩個人物和你的論文主題有關。在這部戲中，有個女人為了教導低收入户的難童，離開與她同居的男子。她總是懷抱『四海之內皆兄弟』的想法。但那男子卻不明白這怎麼做得到。於是他跑去找那名女子，以這部戲中最富戲劇性的台詞告訴她：『對你來說，博愛大眾是一件簡單的事，但要專情於某個人，卻是如此困難。』這是不是你想要寫的主題呢？」

你絕對無法想像我有多麼振奮。他不但會詢問我的想法——我還知道，他正在賣力地「爬進我的腦袋裡」。這正是我所說的絕佳指導經驗。

另外，我有一點要補充的是，當時他正在撰寫一本有關二次世界大戰和種族大屠殺的書，因此能夠指出一些和我的論文有關的人物和書籍，好讓我去想一想它們所引發的諸多問題。舉例來說，有一回在兩人會談中，他引述了埃利・威塞爾（Elie Wiesel，譯註：美籍猶太作家，一九八六年諾貝爾和平獎得主）的一段話：「問題使人團結，而答案使人分裂。」他猜想，或許我會在這句話中，發現組織論文章節的方法。他提供給我許多靈感。

在另一次會談中，他建議我不妨思考一下，語言如何塑造一個觀念或論點。他舉出一位荷蘭作家艾柏・赫茲柏格（Abel Herzberg）。他不但是集中營的倖存者，且在他的著作中一再強調，大屠殺之所以成為大屠殺，並不是因為有六百萬名猶太人一次遭到誅滅，而是一個接一個的猶太人輪番慘遭殺害，總共達六百萬次之多。我的指導教授暗忖，這或許有助於我分析集體結果與個人結果的差別所在。

要求每位指導教授殫精竭慮地幫助學生，將其學術研究和個人的興趣結合起來，或許是一件強人所難的事。不過，要是真的能做到的話，想必是件極棒的事。最後，我還要補充一點。經過好長一段時間之後，我才真正明白這位指導教授個人的觀點是什麼，因為他總是將這些觀點隔絕在我倆的討論範圍之外，結果我發現，原來我倆意見分歧的地方，居然比一致的地方還多。但事後反省起來，我認為這只會增加我倆攜手合作的力量。

甫踏進校門的青年男女，將會立即遇上一連串的選擇。比方說該選哪些課？該專攻哪一個科目？該參與哪些活動？有多少東西需要學習？要用什麼方式學習？這些決定都是因人而異的；而且經常是在缺乏資訊的狀況下做出來的，然而造成的後果卻不能以道里計。一門被疏忽的科目，或是一些無法與課程配合的讀書習慣，將可能造成選擇上的掣肘、機會的流失，或是慘遭閉門羹的下場。在此，指導教授扮演決定性的角色。他們可以提出一籮筐的問題、做出一些建議，並以深刻而持續的方式影響學生。

有力的忠告

爲了這本書，我著手調查超過十年，在這過程中，我訪問了九十所以上的學校。有些是選擇條件極高的學校，有些學校則敞開大門對外招生，大部分的學校都是居於兩者之間，其中包括公立、私立、大型、小型的學校，以及州立大學與專科等。而在教職員以及學生們所提到的各種挑戰中，「良好的學術諮詢」首推第一。

學術指導的重要性是一件衆所皆知的事。此外大家也都認同，最佳的指導應該是根據每個人的個別情況而量身訂做的——無論是男、女同學的特殊背景、能力高低、有待加強的領域、希望與夢想等。但是不同的學校之間，則有相當不同的諮詢管道。因爲資源條件不同，一所只有兩千名學生的小型私立人文學院，其所設計的諮詢系統，必定和一所人數高達兩萬名的大型州立學校大不相同。

有個特別的地方是，當學生們在反省自身的大學經驗時，有一個很單純的建議總是一再被提出。這建議是根據一個顯而易見的觀念，那就是，偉大的大學教育必定厚植於良好的人際關係。這類的人際關係，大部分是在每位學生和一位或多位的教職員之間發生的。儘管這想法昭然若揭，但我在詢問新生們未來的大學計劃和目標時，許多人都不曾提到這點。

每年我總會和幾位新生進行一對一的面談，我們的對話也總是遵循著一種類似的模式。一開始，我們會先討論該名學生進入大學的目標。接著，我們會進一步簡短討論該名學生的身家背景。然後，我們會將焦點轉移到主要的議題上，也就是討論所謂的「讀書計劃」。我們會一起商討該名學生在第一年時，應該選修哪些科目，這些科目又將如何導向未來選讀的科目。不過，我會鼓勵學生們想一想，在關鍵性的第一年裡可以選修什麼課程，最有助於他們在未來的三年裡，做出較為全面而有把握的選擇。我會警告學生，千萬別因為某些課程聽起來有趣，而隨心所欲做出選擇；他們並不了解，選擇某些正確的課程，將可幫助他們在未來的選課上，甚至是主修或專攻領域的抉擇上做好佈局。

接著，我們的對話將進入我最期待的部分。我會問對方：「現在，我們已經談完話了，所以，你認為這學期的任務是什麼？」幾乎所有的學生都會回答，他們的任務就是要用功讀書、表現優異。我會進一步追問他們，除此之外，還有沒有什麼事可以做為目標。這回，他們的反應多半會強調課外活動的參與。然後我再度進攻，要他們多談一些本學期的目標。

到此爲止，大部分的學生都會一臉茫然。他們心中納悶著，不知我的葫蘆裡賣什麼藥。接下來，我會和這些新生們分享一個十分重要的建議：「你的工作就是要充分了解本學期所遇到的每一位老師，並且讓這些老師們也能充分地了解你。」

顯而易見的是，大多數的新生都沒能立即想到這點。我向他們指出，欲達到此一目標，需要一些努力和計劃才行。然而，想想它將帶來的好處吧！我提醒每一位新生，即使你只做到一半，仍然表示你在此地度過的八個學期中，將會認識四位教授，而他們也都會認識你。然後我會提到，達成此一目標還帶來另一項非常具體的獎勵。每學期我總會告訴新生們，當你在找工作、申請研究所與專業學校，或是申請研究生獎學金時，你便擁有四位教授可以幫你的忙，他們可以爲你寫推薦信，也可給你建議。

我在新進同學的身上如法炮製已有將近十年的時間了。當我輔導的第一屆學生即將畢業時，許多人都告訴我，該項建議是他們在大一時所獲得最有用的勸告。如今，在我的同事當中，也不乏有人將這項建議告訴學生。我知道在某些大型的學校裡，要學生履行這個想法難如登天。即使如此，我仍要鼓勵學生朝著這個方向努力。假如在某些較大型的學校裡，學生在四年之內只能夠充分地了解兩位教授，而非每學期認識一位；我相信這位學生仍遠比沒有認識任何一位老師來得好，未來也將獲得更豐富的體驗。

我們要如何得知，良好的諮詢應該包含哪些要素呢？儘管這個問題無法以控制實驗——將某項特定的建議給予一組學生，而不給予另一組——來解答，我們還是可以先找出那些已經取得成功的大學生。接著，我們可以用回溯的方式，探討某些型態的學術指導對於這些人各造成什麼影響。這種回顧式的分析，由於在統計學上不夠嚴謹，特別是從處理方式到結果的因果推論過程，很容易遭到批評。儘管如此，我還是得從某個地方下手才行。隨之而來的結果是，和這些成就斐然的學生對話當中，出現了一個有關良好諮詢的絕佳論點。

我訪問的是獲贈羅氏與馬歇爾獎學金的學生。我認為這些在大學裡卓然出衆的高材生，對於良好的諮詢應該具備哪些要素，或許有一些高明的見解與想法。這些學生顯然在某些方面是一帆風順的，於是我採取一對一式的深度訪談，請教他們所得到的指導是什麼。我一共訪問了三十位這類學生。

其中出現一個共通的主題：這三十位學生中，有二十二位皆自然地提到這點。他們表示，在面臨大學生涯的關鍵時刻，總有一位學術指導老師提出一些問題或是一項挑戰，迫使他們去思考：他們的學術工作和個人的生活之間，究竟有什麼關聯。

我從西部的一所小型公立高中，大老遠跑到這兒來，或許還有一點乳臭未乾吧！我壓根沒想過，當我第一次遇見指導教授時，心裡該指望些什麼。所以，我做了萬全準備，才參加我們的首次會面。我手中握有一張可能選修的課程清單，打算從這六門當中選出四門來。此外，我還帶了一大張的問題，準備請教他各種科學課程的內容，以及每一種課程專攻的重點。

令我小吃一驚的是，他居然對我略有所悉，並且竭盡所能地讓我感覺舒坦自在。經過禮貌問好並請我就座以後，他居然劈頭問我：「你來這兒幹什麼？」我想他大概是指我來拜訪他的原因吧！於是，我告訴他有關選課的問題。但是他很快地打斷我的話，並說道：「不不不！我問的是……你為什麼要來哈佛大學？」

這可是個始料未及的問題。我猜，我大概有點驚慌失措吧！我告訴他，來此是為了接受偉大的人文教育。接著他問了我一個讓我這四年來反覆思考的問題：「請你告訴我，你所謂『偉大的人文教育』指的是什麼？」當時我無言以對，但我告訴他，我會在下次碰面前好好想清楚這個問題，屆時他得幫我在選課單上簽名。

我不想說其他的老師應該怎麼做。但我可以這麼說，正因為前幾次親切的面談，正因為他問我進入大學的目標是什麼，且迫使我絞盡腦汁去思考，為何學習自然科學符合我對「偉大的人文教育」引以自豪的定義——我永遠忘不了他所提出的問題，以及我倆之間的對話。當然我不太可能將我在任何一堂課上所獲得的成果，完全歸功於這位指導老師。不過毫無疑問地，當我回想在此所做的種種決定時，我聽見他在開學第一週提出鏗鏘有力的問題，至今仍然迴盪在我的耳際。

在許多訪談中，我們發現一個共通點是，那些老是和指導教授暢談「遠大抱負」的學生們，通常會覺得這些對談頗有益處。而那些只想利用這些機會，盡快要老師在選課單上簽字的學生們，則會錯失許多關於該學習什麼內容、為何要修這門課、如何將他們的課業和人生的遠景結合在一起，以及什麼樣的新觀念值得審思等寶貴的對話，這些問題都有可能會因這些對話而改變。

與獲贈羅式獎學金的學生晤談之後，便可得知這些良好的諮詢能結出什麼樣的果實。這個例子是發生在一位專攻生物學的男孩身上。他打算以羅式獎學金念完前兩年後，接著轉讀醫學院。他告訴我在大一那年，他的指導教授如何在出其不意的情況下，將救生圈丟給他。指導教授並不是那種在選課單上草草簽字就算了事的人，而是不斷地逼他說出想念醫學院的理由。而這位年輕人可以感覺到，指導老師是以一種很深入的方式在幫助他，因此他也老是回來尋求更多的協助。

我的指導教授的確功不可沒。他問了我一些很難回答的問題，以了解現在的我之所以選擇這麼做的原因。他問我有沒有想過其他的選擇。他指點我，或許可以在完成醫學院所有的必修科目之外，再選修一項較為傳統的人文課程。當我告訴他，我的母親極力主張應該全心全意準備醫學院的課程，此時，我倆幾乎可說是一屁股坐在醫學院的課程表上，而這是我頭一回恍然明白，原來我可不必一肩挑起所有的科學課程。

結果，我的最愛竟然是哲學。身為非裔美國人的我，就這樣選修了哲學課，這個情形在非裔美國人之中並不多見。不過，哲學系倒是敞開雙臂歡迎，於是我成為一名哲學系的正課生。我知道我是利用哲學以及它所提出的一些難題，使我更充分了解我為何想上醫學院的原因。舉例來說，如今我已經就延長生命與老年人的生命尊嚴兩者之間的抉擇讀過許多資料。而這些資料似乎都在引導我，未來可朝著老年病學的方向研究，儘管最終我還是有可能改變心意。不過在此我想提出的重點是，我的指導教授不斷地慫恿我，將課業和自身的興趣加以整合。在我倆見過幾次面後，我便將自己在醫學院裡應該如何發展興趣的問題，安心地交在他手中。我母親患有嚴重的肺氣腫，她是一位小學老師，而我們的家境並不富裕。因此，她所得到的是管制式的醫療照顧。如今，她已漸入老年，我看得出來，她得咬緊牙根才能維持有尊嚴的生命品質，而我將竭盡所能助她一臂之力。指導教授鼓勵我將大學的課業與個人的關照加以結合，回想起來，這正是鼓勵我一邊準備醫學院、一邊選讀哲學系的動力所在。我確定自己將因這個寶貴的建議，成為一位較稱職的醫生。而我也相信，我會因此成為較出色的兒子。

時間記錄

凱思・萊特（Keith W. Light，與作者並無關聯）有個極爲成功的點子，指導老師們不妨將它提供給所有的學生。這個點子很簡單，就是每個人將時間的運用情況，以每半個小時爲單位，準確無誤地記錄一段時間。

實行這個方法有三個步驟。第一個步驟是鼓勵大一新生，最好是出於自願，追蹤一天到兩天的時間運用情況。在哈佛大學裡，我們採用兩週的時間。第二個步驟，便是針對每位學生的時間記錄結果，坐下來聽取一對一的簡報。

就某個程度來說，這也許是一件耗費心力的事：這種一對一式的聽取報告，每回通常需花上十五分鐘左右。儘管如此，我仍然認爲，即使只有一部分的大一同學能因這個方法而受惠，但假如我們將這十五分鐘以四年的大學生涯平均分攤，我們每年投注在每一位學生身上的時間大約是四分鐘，如此一來，這個主意聽起來將會是一項報酬率極高的投資，無論是對學生或是學校來說皆然。

第三個步驟，則是在聽取報告的幾週之內進行追蹤，考核每位學生是否按照我們在檢討時間記錄表時所提出的觀察與建議，確實無誤地加以執行。單單是一通追蹤的電話，再加上寥寥幾句加油打氣的話，鼓舞對方堅持不懈地努力改善，便能讓某些哈佛學子們的生命，開創出一番截然不同的新局。

凱思·萊特在一百七十三位學生身上，施行了這簡單的方法。他邀請學生們將時間運用的實際情況，以每半小時爲單位，追蹤記錄達兩週之久。接著，他與其他幾位同仁分頭和每位學生聽取報告。在這些簡報中提出的都是一些可想而知的問題，但答案卻因人而異。比方說，「你的時間到底是怎麼運用的？」「你對於每天時間運用的方法滿意嗎？」「你有沒有什麼想要改進的地方？」「你有沒有什麼有效的計劃，可以進行這些改變？」

有個必須強調的重點是，鼓勵學生以有系統的方式追蹤時間，只是第一個步驟而已。其實，之後的簡報與鼓勵學生完成改變，才是眞正收效的來源。若是未和每位學生就實踐的想法進行個別的溝通，之前花費在時間記錄上的大量心血，恐怕就徒勞無功了。

我有一位已經試驗過這項時間記錄方法的同事佛雷德瑞克．莫斯特勒，他向任何有心嘗試這項做法的學生提出兩點建議：首先，假如能將每天分成三個時段——早、中、晚，這將有所幫助，經由縝密規劃這三個時段，我們通常可以撥出至少一個時段，從事持久性的工作；其次，在聽取簡報的過程中，很重要的一點是，我們應該要注意如何安排既定要務之間的時間空檔，舉例來說，某位學生在早上九點到十點之間有課，另一堂課則安排在中午到下午一點之間，那麼，這位學生將會有兩個小時的空檔。

該名同學應該如何運用這段時間呢？他或許可以找朋友們聊天；或許可以回宿舍用功；或許他要去辦點雜事；也或許他想要做點運動、活絡一下筋骨。這些統統都行。不過，無論他選擇的是什麼，關鍵在於：他必須用頭腦來做這件事。

凱思．萊特強調，時間記錄還有一項與個人更有關係的好處。他指出在記錄時間的過程中，可提供學生和指導教授雙方碰面的機會。當學生們被問到，爲何不和學校裡的指導老師多多接觸？有些學生總是推說他們羞於登門拜訪老師，特別是在缺乏正當的理由、明確的事宜，以及有待討論的棘手問題時。這個時間記錄的活動，加上事後的檢討報告，皆爲指導老師和學生們提供了一個水到渠成、毫不尷尬的接觸機會。

試想一下這些簡報時段可以促成哪些事。對一位學生來說，簡報時段是個千載難逢的機會，得以和一位長者共同檢討如何安排時間。這位學生對於當前的情況感到滿意或是不滿意？這位學生是否想要做些調整？而這些調整又該如何進行才好？同時，指導老師也能夠立刻著手幫助學生。除了坐下來和學生一同討論如何運用寶貴的時間，無論是每小時或是每日，此外，我們很難想出有什麼更好的方法，可以讓一位指導教授掌握學生的動態。

簡報的過程也提供每一位指導教授了解學生私人生活的機會，而私密的程度則端賴每位學生的選擇和舒坦程度而定。對指導教授來說，這是一個可以眞心相對、坦誠以告的絕佳時機。

在課堂情境中，假如該門課不是你的最愛，你將會獨自受罪。當你繳交一篇報告時，你知道這作業只是為了敷衍老師，而他的義務則是為你打分數。然而，當你知道這個女人，也就是我的學術輔導員，有多麼認真地看待她的工作，當然還包括重視對方的感受，你就會對她的一言一語另眼相待。我要完成的是某一本書裡的一個章節，我的輔導員則希望這本書能夠揭櫫大專女生在物理學研究上所帶來的全新衝擊，而我們的工作則是調查那些最優秀的科學研究計劃。於是她要求我，若有任何一項新發現，就把它形諸於文、歌詠讚揚一番，因此我的遣詞用字莫不關係重大。

這需要展現出有別以往的認真態度與投入程度。畢竟，這次的文章不是只為老師或是分數而寫的。我們之所以聯手做這件事，是為了促進女人在科學領域中出人頭地的機會。而我則在輔導員的協助下，知道如何以最動人心弦的方式，使我們的重大發現能夠躍然紙上。

「輔導員」這個詞經常出現在我們與學生的對話之間。我尚未發現有哪一位老師覺得這個詞不恰當。然而，所謂好的輔導員應該具備哪些要素呢？

與即將畢業的大四學生訪談，可以淸楚得知學生們最爲推崇的輔導型態是什麼。誠如我之前提過的，在學生們最希望加強的所有技能中，寫作高居第一名。因此我和幾位訪談員隨機挑選了一些即將畢業的大四生，要求他們回顧大學生活，包含上課和課外的部分。不知他們是否能夠指出某一項特定的活動，曾爲他們的學術發展造成沒齒難忘的影響，特別是在寫作技巧的改進上？

結果，許多在寫作上進步的學生，都擁有一項共同的經驗。那就是，他們都曾經在研究專題課上，接受過一對一式的個別輔導。

我們學校還提供一些非正式的機會，使學生得以參加這類的專題課程。我之所以稱它們爲非正式的機會，是因爲學生無須強制加入這些活動，這些活動也不會給予任何學分。在這些機會中，常要與擔任輔導員一職的教員定期共事，有些則是和客座學者，或是其他的研究專家一同合作。這其中包括理學院所邀請的客座研究學者，以及跨領域學術中心延聘的學者等。在哈佛大學裡，這些機會也散見於諸如歐洲研究中心、俄羅斯研究中心、非裔美國人研究機構、拉丁美洲研究中心、東亞研究中心等機構。至於其他的學校，則各有其專屬的機構。

凡此種種，述說不盡，而這正是重點所在。對學生們來說，總有多如牛毛的機會，等著他們與那些可能的顧問進行接觸。而我們的訪查顯示出，這類發生於正課之外、不計學分的諮詢方式，為學生們帶來極為正面的影響。在少數的例子中，甚至使學生們在哈佛大學的體驗，有了煥然一新的改變。

這類的諮詢機會又是如何運作呢？有位學生先是申請一份小額的獎助金。此外，他還找了一位老師，答應為他做個別輔導。同樣地，這麼做也不是為了取得學分。我要特別聲明的是，參與這類活動的老師並不在少數，而是一舉網羅了百位以上的老師。

這種型態的輔導工作到底達成了哪些事呢？答案有很多，特別是對學生而言。每位排隊等著擔任輔導員的學生，若能提出一篇成功的計劃，便可成為某位教職員的研究助理，享有一份小額的獎學金。這眞是一個絕妙又省事的情況，且能造就雙贏的局面。學生可以獲得一筆額外的金錢資助，而大部分的人都能善加運用；教職員則是得到一位年輕學子，兩人可針對一些雙方都感興趣的議題，一同教學相長。教授也可以領取微薄的行政費用——大部分自願做這件事的人，形容這是一項特別有成就感的工作。

參與這項計劃的教職員必須和計劃的統籌者進行一次面談，以商討這些輔導工作。這次會商的重點在於，讓每一位指導老師知道該如何建構整個過程。教師們會談到一些他們想要採取的具體步驟，好讓這個計劃成為學生們難以忘懷的正面經驗。許多教職員都自告奮勇地加入這項計劃，甚至包括那些忙得焦頭爛額以及赫赫有名的資深教授們。在我訪問的幾所學校裡，都已經發起類似的計劃。我堅信，倘若遇到這類的機會降臨時，每一位學生都應該考慮參加。

在此有幾句快人快語要奉送給校園的領導者。像這類的輔導員實習計劃是否所費不貲呢？雖然並非不費分文，或許也不是每所學校都負擔得起，一般說來，學生們所獲得的獎金，不過是區區數百美元的小額報酬而已，但假如這種有效的投資，能夠讓一波接一波的學生們有如此重大的改變，我們爲何不放手一搏呢！若用四年的時間來分攤，投資的金額其實並不算太大。

就讓我們洗耳恭聽學生們對於這類輔導計劃的看法吧！以下的例子是來自一位大四的女生：

> 說真的，最棒的部分是有人可以當我的榜樣。我知道這聽起來像花言巧語，讓人難以忍受，但卻是千真萬確的事。特別是我的輔導員只比我大十歲。所以，能擁有一位年紀介於我和我母親的人來指導我，真的是一件很棒的事。更啓迪人心的是，這個女生在短短不到十年之內，就已經把她的行動全部整合起來，並貢獻於知識的領域。我想也沒想過，身為一位科學家——她是一名生物學

家——何以會對計劃上所寫的一字一句絞盡腦汁。或許我早該學會這點，但我偏偏就是沒有。她讓我徹底改變了我對於寫作的想法。

某天下午，我們一同瀏覽一篇簡短的草稿，那是我寫的心得報告，但我的輔導員認為總結的部分並未捕捉住我們發現的精髓，也不符合她的期待。所以，我想她大概會修改幾個字，然後畫龍點睛。最後，我們花了將近四個小時，也就是整個下午的時間，為結尾的一段字字斟酌、句句推敲。而那大約只是六句話而已啊！我做夢也沒想到，這次經驗會對我的寫作帶來什麼樣的衝擊。我變得越來越喜歡提筆寫作，且將努力不懈。毫無疑問地，我會再接再厲。

其他學生則發現，在他們的課堂上，所有的家庭作業、指定閱讀或是考試等，都是由教授一手安排的。這樣做不但沒有關係，而且能夠理解。學生們並不會抱怨這點，他們不過是指出，假如能夠親手設計自己的方案，將會造成多麼大的不同、多麼大的挑戰啊！或者偶爾能參加一些輔導員的實習機會，親自動手做一些眞正的研究。因此，這些不爲正式學分而做的輔導計劃，不但將學生帶出教室之外，並將他們放置在一項計劃的最前線。通常每位學生都得打造出他／她自己的計劃，或是將個人的努力奉獻給一個更大的團體。而關鍵在於，學生必須腸枯思竭地設計出自己的計劃，而不只是按照教授的指令亦步亦趨而已。這是一項艱困的任務，但學生們卻推崇這是一個特別有效的學習經驗。

參與團體活動

截至目前爲止，尋求好的諮詢與輔導的學生所獲得的一切建議，都著眼於學術的層面。然而，和那些課業上遭遇困難的學生談過之後，我們卻發現另一個事實，一個與學術無關的事實，也就是對某些學生們來說，一位指導老師所能給予的最佳建議，便是鼓勵他們加入校園的某個組織或是團體，這將給予他們社交上或是私下的支援。

有些來自少數民族的學生更是大力鼓吹這點；那些代表家族中第一位上大學的學生，他們的看法也是如此。此外，正一步步脫離高中時代支持團體的學生們，也不外乎如此。這類的支持網絡可以包括父母親，特別是高中時代扮演支柱功能的老師、指導老師、宗教參事、體育教練等。

我們的輔導工作顯示，支持團體對於每一位學生來說，都具有非比尋常的重要性。有一部分學生之所以表現不佳，可以歸咎於離開高中時期的支持團體——經常是那些使他們在高中時表現出色的支持團體——之後，在大學裡又無法找到一個類似的新團體。當他們進入大學就讀，這些學生是最容易感到孤立無援的一群，無法快速或輕易地與新的團體打成一片。對許多人而言，無論是他們的學術課業、社交生活或是缺乏踏實感，都使他們備嘗艱辛。當這種情形發生時，便顯示出學業表現和校外活動之間的關聯有多密切了。

這個發現意味著什麼呢？那就是，指導老師應該在學生踏進校門的第一天開始，便鼓勵他們找一個團體加入。每位指導老師的第一個步驟，便是單純地將這個提議告訴每位學生。當然並非每位學生都能收穫滿盈，但有些學生的確可以得到其他方式所無法比擬的豐富經驗，儘管這得花上一段時間才能看到成果。

且讓我舉一個因這項建議而大大改變的例子。有位訪談員跟一位剛從南太平洋島嶼來到哈佛的大二學生進行訪談。這位學生家境清寒，她的雙親、大哥均未接受過大學教育。她在高中時成績優異，但她告訴我們的訪談員，在她剛進入哈佛的前幾天，幾乎想要收拾包袱、打道回府。她覺得每件事情都讓她力不從心，無論是各項活動、生活步調、課程選擇、附近的大城市，甚至其他的學生也一樣。

開學後幾天，當她和指導老師碰面，指導老師很快地察覺出這位學生的負荷過重。還記得我們發現學術表現和課餘活動之間有密切的關聯，以及支持團體所扮演的重要角色嗎？指導教授力勸這位新同學，找個能夠讓她盡興投入的課外活動，最好是能讓她多認識一些其他學生的活動。

指導教授建議她不妨爲學校裡的某份報紙寫稿，但該名學生婉拒了。那參加合唱團呢？這位學生認爲自己的歌聲不夠美妙。那她會不會玩任何一項樂器呢？不幸的是，她什麼都不會。

這位指導教授十分認眞，堅決不願放棄。他聆聽這位女學生的反應，然後做出一項具體的建議。等到下週哈佛大學樂團遴選新團員時，他要求這位女學生出席並且參加甄試。儘管這位新鮮人不斷地告訴指導教授，說她根本不會任何一項樂器，但指導教授卻回答：「不要緊，你儘管告訴他們，你只是來幫忙拿大鼓的。」

因爲他恰巧知道樂團裡有一面體積超大的鼓，經常需要另一位助手幫忙鼓手穩住。事實上，這位女同學的確入選爲哈佛樂團的成員，而這件事更成爲她的生活的定心丸。她的成績不但名列前矛，且快樂洋溢的生活經驗令人艷羨。當我們的訪談員進一步要求她分析成功的原因時，她一再提到樂團讓她認識許多學生。此外，身爲樂團的成員之一，不時要爲足球比賽或是其他的校園活動演出，也讓她跟團體之間萌生一種妙不可言的認同感和歸屬感。

這個年輕女孩告訴訪談員，這種好事之所以會發生，都是因爲和大一指導教授面談的緣故。她自己從未想過加入樂團，更沒想到只是拿一面大鼓而已。這位睿智過人的指導教授知道支持團體對像她這種背景的學生具有重大意義，和她簡短地晤談幾分鐘，一切便改變了。指導教授的一個洞見，竟爲這位女同學根本改造了大學經驗的品質和架構，包括學術的投入程度和她個人的幸福。

鼓勵分工合作

這本書從頭到尾在強調分工合作的重要性。在我剛成爲研究生時，發生了一件事，這件事的訊息深植我心。

當年我以統計學博士生的身分進入哈佛大學，覺得自己還很生澀，當然也覺得惶恐不安。但我來到這裡的第一週，卻學會了重要的一課，而且是在課堂之外，也就是在我的指導教授身上學到的。這便是關於分工合作的意義。

我在秋季班開課的前幾天，到統計學的系上報到，是爲了要和入學同意書上所說的指導教授約時間碰面。他的大名叫佛雷德瑞克．莫斯特勒。

出乎我意料的是，他竟然就在辦公室裡，可以立刻接見我。於是他邀我進去。在幾句客套話後，我提議約定下次碰面的時間。我念茲在茲的是能夠獲得一些選課上的建議，他也爽快答應了，於是我們約好在本週稍後碰面。接著，在我起身準備離去時，莫斯特勒要我稍等一會兒。他拿起一小包文件，上面還貼著一張小紙條，將它交給了我。我低頭一瞥，睨見上頭的標題寫著：〈統計調查中非抽樣性的謬誤：社會科學環球百科全書之一章〉。

「理查，」莫斯特勒說：「能不能請你把這份草稿也加進本週下次見面時的討論內容？我很希望知道你對這篇文章的看法。」

這眞讓我嚇壞了。我甚至連第一堂課都還沒開始呢！而我的指導教授就已經要求我評論他的作品了。

接下來的兩天眞的很難熬。我把這篇文章前前後後讀了十遍，最後終於瞭然於胸。兩天之後我回到系上找他，把這份草稿還給他。我告訴他，在拜讀過好幾回後，這本大作讓我收穫良多，十分感謝他的慷慨賜閱。我還告訴他，我認爲這是一篇鞭辟入裡的文章，其他的讀者應該也會受益匪淺。

莫斯特勒微笑著，接著以和藹可親但卻直言不諱的態度告訴我，他希望聽到不同的意見：「我把你當成夥伴，你卻沒爲我這麼做。」他解釋說，當他把他最原始、粗糙不良、到處可見拼字與文法錯誤，以及拙劣句法的初稿與我分享時，打心底認爲，我應該會以一名專業同仁的身分幫他改進才是。既然成爲他的同仁，我的工作就是要深入研究並做出具體的建議。

他說他總是樂於聽到恭維的話，但我的溢美之辭對他絲毫沒有幫助。而我能夠貢獻的地方，便是建議他如何改善原稿。儘管用紅色的墨水筆放膽眉批吧！多多益善。他告訴我，這就是一位好同仁最極致的貢獻。他不能保證會照單全收我的建議，但這並不重要。他說，重要的地方在於，兩人能夠齊心協力地經歷整個過程，這是成爲一名專業人員重要的一環。

我很認眞地看待莫斯特勒的告誡。幾天後，我手上拿了一疊覆蓋著許多紅色墨跡的文件回到他的辦公室。我所做的建議甚至還包括文體、時態和小標題的選擇，以及許多其他細節。一週之後我倆再度面談時，「報復」的時刻終於來臨了。他把我批改過的版本放在兩人之間的桌子上，然後從第一頁開始，逐一檢閱我的每項建議。誠如他的允諾，他婉拒了我的許多建議，不過他還是接納了一些。我們還在許多方面做了一番熱烈愉快的討論，但大部分都是由他負責解說。

最後我終於了解了。原來，剛開始像是他請**我幫他的忙**，實際上卻是莫斯特勒在**幫我的忙**。他正在盡他的本分，以一種聰明絕頂的方法指點我。

他教會了我兩件事：第一，寫作經常是個寂寞且痛苦的工作，需要寫出許多份草稿，且在必要時，願意將整個段落丟進垃圾桶裡，在年僅二十一歲當年，我對這點並非十分清楚；其次，他教會我夥伴之間分工合作的意義，以及開誠佈公、毫不羞赧地將自己的草稿與他人分享的重要性，他以身作則，向我示範了這個道理，原來和別人針對一件正在進行中的事彼此合作與爭論，是一種向對方致上崇高敬意的方法。

我從未忘記這些教訓。多年以來，我也一直要求新進學生做同樣的事。過去三十年，我和許多歷屆學生們保持聯繫，而我之所以分享這則故事，是因爲這個簡單的動作——與年輕的新進同學分享一份草稿，然後要求對方加以眉批，這樣一來，我們兩人便可坐下來討論一番——竟比其他事情更讓他們感到回味無窮與津津樂道。他們形容，這是接受指導的過程中最棒的一刻。此外，他們還表示這個經驗影響了他們對於寫作的態度，並懂得以年輕專業人員的角度來看待自己。

努力求變求好的教師

Faculty Who Make a Difference

當我的同事被要求評估他們對學生的影響力有多大時，不少人的回答都是「普通」而已。對某些老師來說，這個看法或許是正確的；對於其他的老師而言，這個答案卻錯得離譜，這些老師大大低估了對學生整體發展的影響力。根據大學生們的說法，某些教授在他們身上造成深遠的影響。他們促使學生朝著年輕有爲的學者、奉公守法的市民，以及頂天立地的人等方向邁進。

訪談中，一次又一次地透露出這樣的訊息。我們請教即將畢業的大四學生以下這個問題：「你能想起任何一位老師對你具有特別重要的影響嗎？無論是左右你對自身、對生命、對周遭世界或是對未來的想法都行。假使有的話，能否請你告訴我們，這位老師做了什麼事，才造成如此大的影響？」

在所有被訪問的學生中，百分之八十九的人很快地指出某位特定的老師，詳細解釋這些老師是如何改變他們。其中有三分之二的學生更是欲罷不能——他們堅持舉出更多位對他們的大學生涯功不可沒的老師。只有百分之八的學生，完全想不起任何一位影響重大的老師。

這些老師到底對學生們做了哪些特別的事呢？任教已逾三十年的我，承認喜歡聆聽學生們對於這個問題的反應。有些學生是那樣意猶未盡地滔滔不絕，教人很難將他們的嘴給闔起來。許多學生之所以耗費冗長的時間作答，原因之一純粹是以前從未被問過這個問題。而任何一所學校裡的學生，都渴望自己的心聲有人傾聽。

本章要呈現的，正是學生們對那些點石成金的老師描述的重點。關於這些例子最棒的部分是，學生們很少是因爲任何一位老師與生俱來、永不磨滅的個人特質。事實上，學生們會指出這些對他們意義非凡的老師們在某些方面的用心。

我相信，這些發現是超越任何一所特定學校的。我本身的教學目標，就是要讓學生的生命有所不同。這也是我爲何選擇這職業的原因。我知道哈佛大學以及其他的學校裡有許多同仁和我一樣，我們皆能從學生們分享的心得中獲益良多。

一言一語，準確掌握

有位大學生在總結他對於某位教授的盛讚之詞時，向其他幾百名學生如此表示：「我永遠忘不了這個人，因爲他從來不曾告訴我們該想些**什麼**。但他卻努力地想出一些點子，幫助我們學會**如何**有創意地思考。」

許多學生所提供的例子，都說明了**遣詞用字的重要**。他們注意到，用字的精確度不但可以改變意見本身，並可以讓分析變得更加犀利。它甚至能左右人們的想法呢！有些指導者特別注重這個觀念，學生們則似乎會牢牢記住那些特殊的例子，即使在課程結束後，仍久久不曾忘懷。

最令我難忘的老師，是大一時政治學研討課上的年輕女老師。這堂課的主題是「收入的分配與再分配」。她的措詞用語顯然經過深思熟慮，因而重塑了我的思維模式。事實上，她還改變了我的心靈。那真是個了不起的成就，而她完全靠著語言來達成。

她堅持學生們應該在課堂的討論上，盡量避免使用「政府」這個字眼。她提醒我們，儘管政府部門扮演許多建設性的角色，但總歸一句話，付帳的還是每一位老百姓以及納稅人。她暗示採用她的方法，說不定會讓我們對政府的角色有一番全新的看法。由於我的政治立場傾向自由派，所以不免心生懷疑。不過，她是百分之百正確的。讓我舉個例子來說吧！

在二〇〇〇年總統大選的幾場辯論會中，副總統高爾指出，對許多養育幼童的家庭而言，打著燈籠都很難找到優良的日間照顧。所以他主張，聯邦政府應額外撥款，以補助日間的托嬰計劃，特別該協助有心尋找及企圖保住一份好工作的勞動婦女。我非常支持這個構想，認為這是個幾乎不必用大腦去想的好主意。於是我在課堂上大聲疾呼，並利用高爾的主張，來說明我認為政府單位能夠扮演何種正面的角色。

這位女教授很客氣地請我改變一下措詞，避免使用「政府」這個字眼。事實上，她請我不妨改為「納稅同胞」這個用語。

於是我說，我支持副總統高爾的主張，「納稅同胞」都應該為勞工婦女資助日間托嬰計劃，接著那位女教授問了一個問題。首先，她問我，「假如你已經結婚了，有一名小孩，而你為了家庭決定放棄收入，因為你想和自己年幼的孩子待在家裡。在這樣的選擇下，你確定應對自己以及其他類似的家庭課稅嗎？你真的認為你應該贊助那些選擇不同，而決定加入勞動行列賺錢的婦女同胞嗎？這時，你正站在決定放棄工作的這一邊。」

套上這些話語之後，我對於原先的想法大大躊躇了起來。接著，女教授施展連珠炮似的妙語，讓我無力招架。她問道：「假如你改變心意，決定外出工作的話，這樣一來，白天你便需要有人照顧你的小孩。在這個情況下，向你的同胞們、你的街坊鄰居、住在一同條街上的人們課稅，以便支持你的決定，這時，你會熱烈響應嗎？」

天哪！我真的被考倒了。我告訴她，她所提問的方式是我從未想過的，我需要一段時間好好思考一下。

我始終無法將這位女老師對於精確用字的再三叮嚀拋諸腦後。這位女老師確實改變了我的想法，自從那堂課之後，我對她變得更加了解。我知道她和我一樣，在許多政治觀點上都屬於自由派。但她堅持要求我，必須以清晰而嚴謹的態度，來思考這些信念的弦外之音，而她便是透過語言的慎選達到這個目標。尤其讓我感到佩服的是，她的這個要求無關乎政治立場是自由或是保守——她只是要求所有的學生，必須具備清晰的思路而已。以上就是對我影響最大的一位老師。

腦力激盪，知識共築

師生之間一對一式的合作關係，提供學生們一個負責籌劃並執行學術計劃的良機，這些經驗可以教導學生們無法在正規課堂上學到的事。

大三那年，我選了一門個別督導式的研究報告課。我找了一位赫赫有名的年輕老師擔任指導教授，而我的研究主題是十九世紀的歐洲歷史與文學，特別著重德國和法國。

在我倆第一次見面時，我的指導教授便把他的期望交代得一清二楚。到了學期結束之前，我必須完成一篇報告，是最後的定稿，長度大約五十到七十頁。我們每週會定期碰面，並且輪流決定下週的指定閱讀是什麼。他指出這種上課方式，有一大部分的責任會落在我的肩上。在其他的課堂上，選定閱讀教材的人永遠是教授。但現在，每隔一週我就得負責敲定和我的研究相輔相成的閱讀教材。他更進一步提醒我，既然我肯定會選中一些他以前不曾讀過的文章，所以我有責任一併擬定這些文章的討論方式。

不像我在這裡上過的任何一堂課，如今我必須為「課程的規劃」扛起全部責任。我必須接掌部分的知識領導權，尤其在我第一次選擇閱讀教材的那堂課上，我的指導教授不斷問我一些艱深的問題，這點就更不辯自明了。儘管我已竭盡所能，但不確定是否做得夠好。

他一定看出了我的沮喪，因為他很快地喊停，並向我解釋他這麼做的原因。他指出我們兩人正在一起教學相長，並提醒我在這幾節課裡的工作，就是扮演部分的「學生」角色，以及部分的「老師」角色，因為這整堂課就只有我們師徒兩人而已。老實說，過了一陣子之後，我覺得自己還滿得心應手的。而且在被迫扮演老師的角色後更使我聯想到，說不定在進入研究所之後，可以將此做為我的追求目標。

即使我已經全力以赴，並寫出我認為還不錯的報告，但我仍然不斷被迫向外拓展。每當我在撰寫文學的部分時，我的指導教授就會要求我把它放在歷史的脈絡下討論。而每當我正專注於某個歷史時刻，他又會要求我做相反的動作。我開始把這個了不起的男人看成我的「私人教練」，如同一位體育選手擁有一名專屬教練一樣，不斷迫使他再跑快一點、再跳高一點，而我在學術上，也擁有這麼一位意義相同的人。

假如他沒有那樣逼我上緊發條，到了學期結束時，我恐怕會失望透頂。我的父親曾經告訴過我，要想成為一名比別人優秀的運動員，唯一的方法就是比那些稍微強過你的運動選手更賣力。我的指導教授在知識上顯然比我淵博許多，但他卻邀請我「加入比賽」，並以最好的判斷力「攔截我的目標」。在此我所能想到的經驗中，沒有比這次一對一式的經驗讓我學習更多，無論是有關於歷史、文學的知識或是我自身的潛能。

這位年輕人肯定那位邀請他（實際上是要求他）擬定閱讀書單的教授。這對他來說，不但是個全新的經驗，且做起來並不容易。然而，當他在教授的奧援下，學會怎麼做，卻能在學術以及個人兩方面，獲得一種全新的自信。我認為任何一位有機會單獨面對大學生的老師們，不妨試試這位指導教授的方法。我也認為，任何一位想要真正鑽研與學習新技能的學生，應該尋找一位願意並能夠安排這種個別輔導模式的老師。

學術理想與個人生涯兼顧

當要求學生們為上過的課程評分時，他們經常給予那些最嚴苛且繁重的課程最高的評價。關於某些被學生們指出對他們的思考以及生命特別具有影響力的老師，在訪談中出現了一個有趣的現象。那就是這些大有貢獻的老師，正是那些能夠幫助學生們，將嚴肅的課程和學生個人的生活、價值、體驗相結合的人。

學生們均大力褒揚能夠將這些融入教學的老師。我請那些接受訪談的學生舉出實例，闡述這些老師是怎麼辦到的，並說明為什麼會有如此難以磨滅的影響。

有位年輕的男同學向我描述大一時的政治學研討課。某一週，教授指定要把約翰・史都華・米勒（John Stuart Mill）〈論自由〉（On Liberty）這篇傑作從頭到尾研讀過，然後在下一次的研討課上，針對幾個主要的觀點進行小考。這個年輕人表示，這門研討課分配了幾個讀書小組，好讓同學可以在上課之前碰面，整理一下他們對於這篇重點文章的討論。

抵達教室之後，這十五位學生都接受了測驗。接著教授宣佈，他相信這個小考的目的已經達成，那就是確定每一位學生皆如期完成指定的閱讀。所以，他要根據〈論自由〉這篇文章，提出兩個問題進行小組討論。這兩個問題是：「在米勒的文章中，他把那些自稱爲政治保守派的人士，歸類爲『顢頇份子』。首先，他爲什麼這麼說？他的假設和論點是什麼？這項陳述又是在什麼情況下被提出來的？其次，你贊同與否？請自由運用米勒的文章、其他的學術資源，或是個人的家庭生活與團體生活，仔細想想米勒的這個觀點。」

這位學生表示，該堂課的討論十分激烈，因爲教授的問題引發了同學之間的衝突。你可以看到幾位學生認爲米勒的觀點正確無誤，其他的學生則大加撻伐這個謬誤的泛論。另外還有一些學生指出，米勒所謂的「保守派」，顯然和現代對這個字眼的理解有所不同。這位年輕人總結他對這位教授的印象如下：

> 瞧瞧那堂了不起的課讓我們每一個人做了什麼。首先是預做準備，我們將米勒的文章仔仔細細地拜讀過。第二，我們知道必須加入課堂的討論。換句話說，我們必須針對米勒的哲理，徹底思考我們所抱持的立場是什麼。第三，我們得

在上課之前碰面，以便和同學討論彼此的想法。第四，我們從其他十四位同班同學的陳述中，飽覽形形色色的意見、經驗以及詮釋。這次的討論讓我獲得至今難忘的洞見。這一切的關鍵都在於教授的邀請，並懇切地鼓勵我們每一個人，運用自己對於真實世界的觀察與經驗，使全體的討論能夠更豐富。對我來說有一點很重要，便是見識到人們的背景差異對於詮釋文本的方式，將會造成多麼巨大的影響。在此之前，這點從未如此生氣蓬勃地呈現在我的眼前。

我特別記得有位同學的發言，這些話讓我重新檢討我對於個人自由和集體責任兩者的詮釋。發言的是班上同學公認政治立場最保守的一位女學生。她來自嚴守教規的基督教家庭。在這節課裡，她描述她的家庭和教會，從小到大如何將一種對於群體的特殊責任感灌輸給她。她覺得自己和團體的幸福與安康，有著一種唇齒相依的關聯。

她將一個基本上算是少數家庭的成長經驗，融入團體與個人責任的論辯當中，而這點在米勒的文章中顯然交代得十分模糊。這對我而言，也是個全新的想法。我不曾認識在那種家庭中長大的人，因此我無法置信，她居然能夠把這篇文章和她自己的生活與責任感連結起來。

我想，任何一位善於安排教學課程的老師，非但能使學生深入要點，也能邀請他們將抽象的觀念和自身真實的生活合而為一，這樣的老師必定讓人難以忘懷。在這種課堂上得到的學習，超越我所說的「單純的課業學習」，而是真正地融入意識之中。而我尤其要強調，對於那些一方面能夠如此實行，另一方面又能維持最高學術水準的老師，更是令我感佩不已。

最後還有一點。校園裡充斥著有關學生如何彼此學習的討論。我認為大多數的老師，並未經常將學生之間精采絕倫的差異性，真正帶入課堂中。比起將閱讀教材和學生生活中的真實事件連結起來，還有什麼方法更能發揮這種差異性呢？這方法使學生們對於某些看似抽象的事情，能有一番更為深入的見解，這點對我而言似乎是相當明顯的。

學生們會把不同的觀感、經驗以及詮釋等，帶入課堂的討論中，使討論變得更有聲有色。我們都將因此學會更多。我相信能做到這點的老師，極可能會被學生們長長久久地銘記在心。

以學術研究爲重心的大學，不可避免設有一些大型的班級。幾乎所有的大班教學都是爲了介紹某些領域，或是基礎課程的入門，例如生物學、經濟學、心理學等。有些同學表示他們希望這種大班級制的教學能夠少一些。

想縮減大班教學的希望是很渺茫的，唯一的理由是，這需要的經費十分龐大。所以，凡是學生提到某位老師有辦法在大型課堂上，製造出一種互動參與的氣氛，就會格外引起我的注意。任何一所大專院校的學生在選課時，都希望能找到儘管施教於大班級，但仍能引導學生積極融入課堂的老師們。

對此，有位大四學生表達了個人強烈的意見。他專攻經濟學，十分不滿哈佛大學設立太多大班級的課程。更嚴重的一點是，他說，在這些指導大班級的老師當中，只有掐指可數的極少數，能使學生主動投入課堂上的學習。

當要求他舉出例證時，他描述了在行爲經濟學（behavioral economics）課上的經歷。他說，儘管這堂課的規模宏大，教授還是會在講課之間偶爾穿插一些「隨堂練習」，強迫學生當場思考。除此之外，這些練習更把每位學生的個別反應融入全班的集體反應，以便讓學生學習集體的行爲模式。

這位同學提到某堂著重了解集體行爲的課。這位教授先是解釋，協商與了解集體的行爲，在任何人做出決定時都是十分重要的一環。在陳述了理性行爲理論之後，他停了下來，並從口袋裡抽出一小張紙。他告訴全班同學，這是一張披薩兌換券，待會兒班上有位同學將可獲得。

這位教授要每位學生，從零到一百之間寫下某一個數字。然後他會把這些數字彙整起來，加以平均，看看哪一位同學所寫的數字，最接近全班平均值的一半，那人便能贏得披薩兌換卷。於是，約有兩分鐘的時間，全班同學停止其他活動。每位學生都在一張紙上，寫下自己的姓名以及數字，然後將這張紙遞交給前排。前排的學生負責平均這些數字，接著宣佈結果。

我不確定是否了解這位同學的意思，但有一點很清楚，那位教授正在設法讓這個大班級裡的每位同學都能「軋上一角」。爲什麼這點特別重要呢？我的受訪者如此解釋：

> 這真是一次生氣蓬勃的學習經驗。我的第一個想法是，唯有猜測五十以下的數字，才有中獎的機會。因為全班的最高平均值顯然是一百，所以猜測五十這個數字，我想很有機會得到披薩兑換卷。不過接著我又發現，坐在我四面八方的

全是聰明絕頂的學生，他們心裡可能也打著同樣的算盤。所以，假如他們的想法和我一樣，都想寫五十的話，那麼得獎的數字應該是二十五才對。不過，倘若我這麼想的話，班上大部分的同學一定也是。所以，我應該再降低數目，因為其他的人必然也會如此。接著我心頭一凜，想到這是一個永無休止的探底戰，而最低下限是零。但假如班上的每位同學都想到這點，而且每個人的行為都是理性的話……因此，我決定寫下十六這個數字。

是的，我們整節課都在討論這個遊戲。當前排同學正在結算全班的答案時，我們在底下討論著每個人的想法。教授則若無其事地站在前方，靜候結果出爐。約莫又過了兩分鐘後，那位同學宣佈，全班同學所交出來的平均數字是二十二。有位女孩寫的是十一，所以她的答案完全命中。於是教授盛重地將披薩兌換券頒贈給她，班上幾位愛耍寶的同學，甚至還起立向她致敬歡呼呢！

這是我畢生難忘的一堂課，它教會許多在我的領域中至關重要的原則。我相信在這大型課堂上的多數同學都有同感。藉由創造出這項人人都必須參與的遊戲，並規定我們每個人都得確實寫下並交出一個數字，教授使我們積極地投入，半強迫式地將我們推進戰線上。在短短的幾分鐘裡，這堂人數龐大而又不時透露冷漠氣氛的課，頓時成了小班式的教學。每個人都在針對這項比賽的想法，和左鄰右舍展開唇槍舌戰。

在那位女同學贏得披薩之後，教授並不就此喊停。他順理成章地推演出一套有關理性集體行為的精闢道理。在這個遊戲的驅動下，他贏得我們的全神貫注，而我們則了解到他要傳達的是什麼，以及這些話之所以重要的原因。比方說，在任何一種協商中，特別是涉及多方團體利益的協商，這類的分析十分重要。

這是多麼「正點」的教學方式啊！

假如你正在蒐集一些對學生造成重大正面影響的教學實例，請不要客氣地將這個例子也加進去。當這類事情被融入大規模的課堂上，便能讓原本相當平淡無趣的上課經驗，變得較富有人情味。假如你要我列出一張對我影響持久的教授名單給你，這個人鐵定高居第一名的寶座。他向我示範在一個大班級的環境裡，可以如何妥善發揮功能。

專業思考訓練

凡是教導物理學、經濟學和心理學的優秀老師，一定都會在課堂上解釋這些科目的原理是什麼。最讓學生們刻骨銘心的老師，通常是那些有辦法超越原理的解釋之外，將

「物理學家的思維模式」或「心理學家的思考方法」傳達給學生的老師。學生們在課程結束後，將這個理想和其他情況做個對照，比方說，一位心理學教授正經八百地講述著：「弗洛依德對於心理學的貢獻在於……而史基納（Skinner）則有助於行爲心理學的建立與形式化，所謂的行爲心理學指的是……而幾十年來，發展心理學始終緊跟著與生俱來和後天養成的爭議不放，那些贊同自然學說的人相信……而那些贊同後天學說的人則相信……」

分享基本的知識是可貴的，因爲知識無價，學生們都想手到擒來。他們並不贊成課堂上應該摒除這個部分，但有些即將畢業的大四學生卻表示，假如能夠重新來過的話，他們寧可多選一些教授會發問或是提出難題的課，因爲這樣可以幫助學生「像個心理學家那樣思考」。

有個實際的發現證明這種教學方法的價值：它是影響學生選擇主修領域的最大因素。當學生相信自己能夠掌握「一位經濟學家的思維模式」，他必定更願意將學習的重心投注在經濟學上。

學生們在訪談之間如此表示，於是我進一步要求更具體的說明。有位大四學生的論文主題是建築史，他告訴我在大一那年，他選了一門所知有限的建築課程。對他而言，這是一個嶄新的冒險，這門課爲他帶來極爲強大的正面作用。他開始以全新的方式，看待周遭的環境。他形容那位教授的教學方式，揭櫫了「建築史學家的想法」：

那位教授舉例說明歷史上不同時期以及跨文化圈的重要建築與小型社區。他並非不苟言笑地講述不同的建築型態，或只是照本宣科而已，事實上，他把這些資料放進指定閱讀中。然後，他假設班上的每一位同學，從第一週開始便會按照進度閱讀，於是這形成了慣例。他則利用課堂上的寶貴時間講述其他的內容，這些額外的內容卻造就了不同的發展。

每當我們在討論這些讀物時，他便提出問題，將某一棟特定的建築或社區和某個想法串聯在一起。舉例來說，有時他會問：「為何你認為這是一棟重要的建築？主要的原因難道是建築實體的細部嗎？或是因為這棟建築的座落方式塑造了周遭的都市生活？一位歷史學家如何判斷出一棟建築物或是小型社區，對於都市文化的發展扮演重要的角色？」這位教授鼓勵學生互相辯駁，偶爾穿插闡述某位同學的評論：「這正是歷史學家對於這類建築的想法，也是我為什麼會那樣說的原因。」

每當他採取這個方法時，教室裡顯然籠罩在一片闃靜當中。顯而易見的是，我們都想知道他和他的同事如何看待這件作品。這是我們真正關心的重點所在，卻正好是大多數教科書都不會說明的部分。

我從這堂課中學到一些十分重要的事。假如教授只是把時間浪費在溫習與重複我已經讀過的教材上，或是我能夠在課本中唾手可得的資料上，那鐵定不是最好的時間利用方式，而時間總是那樣寶貴。當教授能夠幫助我理解人們是如何思考其領域中的各項主題時，才是最教人興奮的事。我知道這對教授來說，並非總是那樣容易。然而，我希望每位教授都不妨一試。一位老師能夠教導我一些無法自學成功的事，或是躺在沙灘上看看書就能得到的知識，這對我來說是很重要的。老實說，假如我可以自己讀的話，我又何必上學呢？特別是付出如此昂貴的代價。

發言無罪，反思有理

根據我的同仁大衛・皮爾摩（David Pillemer）和歇爾頓・懷特（Sheldon White）之前所做的調查，我們請求受訪的學生指出教育過程中某一段特別重要的時期，或是一個永誌難忘的經驗。每一位大四學生都能夠這樣做，其中有百分之六十一的人，選擇的是和某位老師圍繞著一項吃重的學術課業所迸發的互動經驗。

在這群大四學生當中，有半數以上的人都描述了一項學業任務，那就是學生必須爲師生之間的互動關係負起重大的責任。更特別的一點是，學生們還會提起那些鼓勵以正面的方式提出相左意見的教授們。將所有的責任讓渡給學生，和鼓勵學生爲自己的想法與觀點扛起一些合理的責任，這兩者之間的界線是非常微妙的。能夠游刃有餘地穿梭在這條界線上的老師，將使學生們銘感五內。

就像這個學生所明白的，鼓勵學生們有不同意見，在某方面也可以教導他們如何像一個專家學者那樣思考。

我不知道該怎麼辦才好。我覺得不管説什麼，都會直接頂撞這位大名鼎鼎的教授畢生的傑作。假如我同意他方才的説法，就表示我反對他書裡的關鍵假設和論點。假如我引用他的著作支持我的任何一項論調，那似乎意味著我今天根本沒在聽課。

我猜我不是班上唯一感到忐忑不安的學生，只是沒人吭聲而已。最後，那位教授終於爆笑出來，並説道：「太好了！看來我已經成功展現了兩種截然不同的論調，而你們則戰戰兢兢不知該從何選擇。這是在我這個領域裡的人隨時面臨的窘境。所以，讓我們一次處理一個論點，先從書本裡的開始，再轉到今天課堂上的論點，然後瞧瞧政治學者對這兩者有何看法。好探究一下政治理論學者對於這類的問題是如何處理的。」

哇！那男人還真是逮住了我們的注意力呢！我們之中有許多人，對於政治理論的涉獵極為廣泛。我們對於羅爾斯的正義理論，尼采的人性本善或本惡論，都能侃侃而談。但如今我頭一遭站在政治理論家的立場，設身處地思考。儘管這位教授是個響叮噹的人物，備受世人推崇，但這並不妨礙我們發表意見。遠比他的聲譽更受這堂研討課上的每個人所愛戴的，則是他竭盡心力地幫助我們了解，在他的領域裡人們的思考方式為何。

過去我一直考慮將來要讀法律學院，而我知道有些人並不清楚自己選擇法律系的真正原因，這點讓我憂心忡忡。在這堂政治理論課裡，使我更了解自己，因為我學會如何以政治學家的方式來思考。因此，當這學期的課陸續開始之後，我逐漸理解到，原來司法制度的差異，對於不同政治體系的運作優劣來說，是一項至關緊要的因素。我回想起有幾位教授也曾在課堂上表達過同樣的論點，但他們是直接對我們說的。而在這堂課上，當教授幫助我們學會「政治理論家的思考方式」時，我才真正了解箇中精義所在。

如今我自己會去思索不同的司法原則和結構，以及如何塑造出各式各樣的民主型態。這些全都要拜那堂課和老師的教學方式之賜。而內化這些觀念的唯一方式，則端賴自己加以釐清。現在的我不光是熱中於司法制度的研究而已，對於未來我甚至還有一個夢想：也許有一天，我能夠為某個國家的憲法撰述或研擬做出貢獻。我明知這不太可能發生，但這確實是我夢寐以求的事。此刻我所做的一切，全都有一個目標可循。這顯然要歸功於那堂研討課，以及那位幫助我了解如何以政治學家的方式思考的教授。

我的生命從此煥然一新。

證據在握，一本萬利

我是一位統計學者，所以我的研究和教學工作，有一大部分是專注在證據的使用上。為數可觀的大學生們形容，學會如何使用證據解決領域（無論是什麼領域）內所遇到的爭議，是個突破性的想法。身為教師的我們，或許都應該知道，學生們不見得懂得如何尋找、蒐集與解讀證據，來幫助他們決定該相信什麼，並在所屬的領域中找到其他的選擇。

幾乎所有的學生在談及如何使用系統化的證據時，都會聯想到大一時上過的課。大學生對於各項事物都有強烈的主觀意見，有些意見政治意味濃厚，有些則是社交取向。還有一些是屬於知識性的，比方說有些人抱持特定的科學見解，或對於良好的社會政策甚至對於傑出文學、歷史或哲學的構成要件，也懷有某種看法。

隨學生的陳述所浮現的問題是，在橫跨多門學科之間，他們要如何決定該相信什麼呢？而又有什麼樣的證據，可以提供給他們做為決策之用呢？在此我指的並不是統計學、經濟計量學、決策分析、史料編纂等學科上的細節，而是在討論學生們要如何發展並內化某一種思考模式。這種以證據為基礎的思考方式，可幫助學生在不同的選擇之間做出決定，並構成一種核心思想，甚至在主觀強烈的情況下仍能超越己見。

重要的一點是，學生們對於介紹他們如何以引證的方式做出決定與解決爭議的老師，總是懷抱特別溫馨的記憶。對於指導這項方法的老師們來說，其所帶來的個人愉悅也是很大的。與大學生共事的一大好處是，許多學生會無拘無束地質疑一些理論，而這些理論是身為中年人的老師不大會去質疑的，因為我們早已經司空見慣了。學生們指出，有時他們的問題真的會讓老師改變原先對於某個論題的想法。對許多大學裡不少學生來說，經常不斷地挑戰教授，是他們最大的快樂。在理想的情況下，他們是滿懷尊敬與謙恭的態度開戰的。但不論在什麼情況下，總之他們就是下了戰帖，而這提供教授一個可以指導學生們如何運用證據的機會。

在此，我僅提出一個有關於這方面的例子。學生們表示，希望盡可能獲得一些實例，我會把他們的話放在心上。

在一堂有關教育政策的研討課上，有位大一學生再三痛批市政府和州政府，指責這些政治領導人吝於挹注更多的教育經費。關於這點她已經提出好幾次了。有一回，她在一堂探討學生表現下滑的課堂上，又將這點給搬了出來，堅稱教育經費的縮減必須爲此負責。該堂研討課上的大部分學生，都贊同她的意見。每位學生輪番發言，而每位學生也都各持己見。

當然教授也有他的看法。不過當這位年輕女孩在發表意見時，他鼓勵所有的學生，除非擁有某些具體的證據，否則將原先對於這個問題的判斷倒轉過來。他問道：「你們在真實的世界中能夠蒐集到什麼樣的證據，足以使你們改變心意？」這位年輕女孩表示，她想不到任何一個好答案。這位教授又問了一個更具體的問題：「即使你知道在經費較多的地區，學生在大部分的學術表現上都較爲優異，但你認爲這種單純的關聯具有說服力嗎？」

這個問題將全班分裂成兩個陣營：一半的同學贊成這樣的結果是具有說服力的；而另外一半則表示反對，他們指出，這樣的關聯未必意味著什麼樣的因果。這些富裕地區的學生們，在校的表現之所以較爲優異，有可能是因爲他們生長在較爲優渥的家庭裡，或是擁有教育程度較高的雙親，或是在家裡坐擁書山，或是學校圖書館裡的藏書較爲豐富。於是，全班同學展開一場激烈的辯論，主題是：經由觀察所得的跨領域資料，與經由實驗所得的資料，對於決策行爲各有什麼利弊。

這位年輕女孩表示，這次的討論爲她開啓了全新的想法。結果，在接受我們的訪談前，她已經選修了四門統計學和研究設計課程，並打算進入公共政策研究所就讀，研究重點是在教育政策上。大一時研討課上的那位教授，由於促使學生努力地設想證據所扮演的角色，以及什麼樣的證據足以改變他們的心意，從而改變了她對於政策決定的看法。

不論那位教授是有意或是無意，總之他在我剛來這兒不久便指點我，儘管我對於挹注經費在教育上的用意是很好的，不過這對於公共政策的決定來說，尚不足以令人信服。他的重點是，善良的用意是個好的出發點，不過，當時間的巨輪輾入真實的世界裡，你將發現證據總是凌駕於好意之上。以往，我對於自己的所做所為，從未以那位教授逼迫我與研討課上的每一位同學所採取的方式思考過。

深不可測的魅力

教授和學生之間的理想互動關係為何呢？首先，教授會提出一些問題，然後指定某一項任務——或許是一篇文章、一張問答題，或是一項實驗。當學生履行這項任務時，教授會針對結果給予詳實的回應。最後，他會針對手邊這項任務，和同學分享他的觀感。最後這個步驟的實施狀況，成為教授的一項重要辨認指標。

這項辨認指標顯示出，學生們會情不自禁地喜愛和那些難以捉摸的教授合作。這點在社會學系的同學身上尤其明顯。有關完美寫作的要求，學生們希望老師是可以預測的；在哲學家、生物學家、經濟學家、心理學家、歷史學家或政治理論家的批判標準上，他們也喜愛老師們的可預測性。但顯然他們不希望老師們對於一大堆進退維谷的困境，採取可想而知的觀點。許多學生形容，當他們遇到一位「已在文化戰爭中選好陣營」的老師時，誠如作家安・法狄曼（Anne Fadiman）所言，總是令他們大失所望。每當學生們洞悉這類的老師對於一、兩項議題的看法時，他們幾乎可準確無誤地臆測出他對於其他幾十項議題的觀感，而他們對於這種可預測性感到相當沮喪。他們說，這顯示教授並未嚴謹地針對各個議題的利弊加以評量。當老師們在選擇閱讀教材與安排課堂討論時，或許應該把這個觀念牢記在心。

跨系整合

許多大四學生都認爲，跨領域的課程對他們來說別具意義。其必然造成的結果是，他們會特別推崇那些學有專長，但卻能夠敞開視野看待其他領域的教授們。他們相信，眞實的世界以及人們對於世界的思考方式，是無法涇渭分明地以所謂「歷史」、「化學」、「文學」、「心理學」以及「政治學」等類別加以區分的。

但由於大學的架構是根據學科組織而成，因此學生不得不經常重整自己的思考模式，以有別於大學的基本架構。學生對於大學結構的眞相心知肚明，他們理解某些機制是必要的，也能理解科系存在的價值。他們並未主張重新改造當前的學術架構，只是觀察到制度上的善巧方便，有時會阻礙他們的宏觀視野。

當學生們埋怨現行的學科架構時，我請教他們取代的方案是什麼。結果幾乎所有的學生答案都是一致的。他們形容，許多學生在專家與通才之間掙扎。他們傲然於接受一項或兩項領域的深度訓練，但這畢竟是不夠的，他們希望獲得更多便捷的經驗。

當我告訴同仁們有這麼多學生口徑一致時，他們提醒了我，包括本校以及其他多所學校的跨系課程（例如歷史與文學，歷史與科學，社會研究，民俗學與神話學，以及環境政策研究等），已有越來越多的學生申請就讀。他們同時提醒我，攻讀雙學位的學生也有日益增加的趨勢。所以我們的結論是，跨學科的體驗並非只是紙上談兵的夢想而已。學生們的具體行動、選擇的課程，以及畢業論文的主題等，都與他們的說法相互輝映。某些教職員則能夠對學生最後的選擇，造成眞正的影響。

學生們如何整合跨科系的想法和觀念呢？訪談中顯示出三種方法：其一是選擇那些刻意設計成學科整合型態的課程；第二個方法是自己想辦法達成，這顯然頗爲困難，即使對於高人一等的學生也不例外；第三個方法則是交由老師們來執行這個過程。學生總是大力稱揚那些熱心創造出一些跨學科經驗的老師，即使是在某個傳統學科的課堂上。爲了達到這個目標，教授經常構想出一項任務，以靈活運用班上成員的不同志趣與背景。

最常被舉出的型態是，教授提出一項公共政策上的問題，然後依循某一門學科的脈絡，形成幾種不同的解決之道。有幾位學生指出，某位地球與行星科學的教授，向班上同學拋出如何減少美國東北部和加拿大酸雨量的問題。於是，全班開始專注在酸雨的科學研究上。接著，這位教授又將他所謂的「現實面」導入討論之中。這使得學生進而研究酸雨所造成的風向流動、氣候學與溫度變化等。

正當班上的同學對於酸雨的控制越來越得心應手時，這位教授又提出另一個有關政治的議題：一個國家要如何獨立完成這項工作呢？學生們開始躊躇於潔淨空氣（他們全都贊成潔淨的空氣）與藍領階級的飯碗（他們也都希望爲這群工人爭取工作權）這兩個魚與熊掌難以兼得的難題，這些工廠裡的工人可能不容易找到其他的出路。到了最後兩節課，教授終於提出一個國際性的問題——我們要如何促進兩國之間的合作呢？比方說美國和加拿大？特別是當大部分的酸雨是由其中一國製造，但兩國的經濟表現卻高低互見之時？

這只是諸多例子之一。我之所以挑選這個例子，是因爲有好幾位同學都提到這個令他們記憶特別深刻的例子，說明一位教授如何將跨科系的想法，帶進某一門學科的傳統範圍之中。而我發現這個例子特別吸引人的地方在於，對某些學科來說，比方說政治學、經濟學或歷史學等，要將跨科系的挑戰納進來，似乎不是一件困難的事，但這個例子卻發生在科學的領域裡。而我猜想，大多數的學生都不認爲地球與行星科學是一門適合孕育跨界花果的溫床吧。

這個例子提醒我們，學生對於那些幫助他們跨越傳統學科思考領域的老師，是滿懷讚嘆之情的。在我看來，學生們希望爲傳統學科之間搭起橋樑的期待，對任何一個學系的老師來說，正代表一個可以發揮創意教學，並對學生生涯形成重大影響的契機。

7 | *Making the Most of College*

繽紛多姿的校園

Diversity on Campus

當朋友問我，這些年來在美國校園裡所見證的最大變化是什麼，答案其實很簡單。任何人只要兜上一圈，順便觀察個五分鐘，便能瞧出端倪。最大的改變發生在學生身上——他們的身分、他們的長相，以及他們的背景等。這個現象通常稱爲「學生們的新多樣性」，而我則寧可把它想成是學生們把不同的背景帶進校園裡。這些差異包括種族、族群、政治、地理、經濟等各方面。如今無論是在教室內或教室外，任何一位學生都無可避免和一群多彩多姿的同學相處，遠較三十年前我的大學時代複雜許多。

回想當年，我的大學同學幾乎淸一色是白人，大部分是男生，而且多半來自中產階級。無論是長春藤名校、州立大學或是小型的獨立學院等都一樣，甚至所有的高等教育，除了一些傳統的黑人學校外，情況也如出一轍。

如今在大部分的學校裡，約莫半數以上的學生是女性，而且有將近百分之二十五的美國大學生屬於非白人。同時，有爲數可觀的學生來自經濟小康的家庭，比如在哈佛大學，每六名學生當中，就有一名學生的家庭年收入少於兩萬美金。

一九六三年的哈佛大學，男女就學的比例是三比一；如今，這項數字已經接近一比一了。當時的哈佛大學，課堂上平均只有十七位非白人——只佔人數的百分之一；但是到了二〇〇四年時，將有六百名非白人，超過人數的百分之三十五。校園呈現出一番截然不同的風貌。

今日的學生——無論是白人或非白人也好——都知道他們是這個多元社群裡的一份子，他們也都好奇地想知道，這個美國大學的新風貌，將對他們造成什麼樣影響。在本章和下一章裡，我將彙整學生們對於這個多元化新局面的看法。

受教權利與教育衝擊

所有種族與族群的學生都留意到，校園裡凡是涉及多元族群的討論，都會分成兩大部分。第一個部分是關於**受教權利**的問題。就最簡單的層次來說，來自不同背景的學生，是否擁有進入某所大學的同等權利呢？第二個部分則是關於**教育衝擊**的問題。無論就教育或是個人層面，學生們若和種族背景分歧的同學就讀同一所學校，將對他們產生什麼樣的衝擊呢？

這是兩個可以分別討論的問題，但第二個問題端賴第一個問題的答案而定。非白人學生對於這兩個問題的區別顯得特別敏感，他們之中有許多人指出，鑑諸以往，非白人學生所面臨的一大挑戰便是受教權利。有些學生甚至言之鑿鑿地說，即使遲至今日，受教門檻仍是最關鍵的問題。指控這點的非白人學生相信（我們向九十位非白人學生訪問了校園裡的種族與族群問題，其中有五位同學如此表示），真正重要的問題是，非白人學生是否可以和白人學生一樣，在大學裡選修同樣的課程、接近同樣的老師、獲得同樣的回應，與接觸同樣的活動。就他們的觀點而言，和多元背景的學生一同受教所引發的衝擊，反倒是較次要的問題。

不過這點卻遭到絕大多數的同學（亦即其他八十五位學生）壓倒性的反對。儘管他們認同受教權利是一切的先決條件。但他們相信，這個問題大致已經獲得改善。他們表示，儘管在過去，申請入學每每遭到限制，但現在已不可同日而語了。這些已經在大學裡「佔有一席之地」的學生們，最主要的盼望是能夠徹底加入校園的對話行列。這包括學習、施教、分享、討論，以及提問等。

我所訪問的每一位學生，都認爲自己擁有一些獨特而珍貴的特長，可以貢獻於校園的對話。學生的這種信念，加上與背景不同的學生們相互往來的熱誠，普遍在所有種族和族群的學生之間擴散開來。學生們表示，應該把單純的受教權利和多元教育的衝擊這兩大問題區分開來，因爲沒有必要爲昨日的爭戰繼續纏鬥下去。在過往的歲月中，受教權利平等向來是一項艱困的任務，但它確實被爭取到手了。因此在這九十位非白人學生當中，有八十五位希望從現存的多元校園中獲取最大的利益。這些學生更提到，爲了達到這個目標，無論在教室內、外皆應有和同學相互交流的機會。

學生們強調，在某種環境下較能促進不同背景的學生相互學習。而無論是專科學校或是一般大學，特別是一所高標準的學校，都應該提供這種特別有利的環境。學生們爲何相信這點呢？他們表示，那是因爲不論每個人的背景爲何，幾乎所有學生都是帶著特定的目標、期望和抱負踏進校園的。大多數的大一新生對這個議題稍加思考後都能了解，他們在大學裡將會遇到想法分歧，以及經濟條件、地理環境、宗教信仰、族群背景等不盡相同的學生。這些差異或許是很大的；對某些學生而言，或許還會令人感到不快。

值此同時，大學一年級的學生也都知道，特別是那些高級學校（selective college）的學生，他們將遇到的同學，一定和他們在某方面類似。他們在高中時全屬用功的一群，通常算是拚命三郎型的學生。他們也都打算在大學裡，繼續保持這種幹勁。他們希望遇到意見分歧的人們。沒錯，他們渴望遇到這樣的人。除了這些錯綜複雜的條件之外，他們也知道自己將會遇到不同族群的人。

贊成多元環境將帶來好處的人，幾乎異口同聲主張，不同背景的人們彼此認識之後，結果是好的。不過本校的學生發現，其實周遭還有更複雜的環境，得以讓學生認識不同背景的人。正如一位從芝加哥來的男孩所說的：「你只需要在大城市的街道上閒晃，就可以看見形形色色的人了。」

從不同背景的人身上學習，學生們所觀察到的重點是，大學所提供的機會與大多數環境所提供的機會，大不相同。在大學裡，由於所有來到此地的學生都希望分享彼此的價值觀，這樣的機會也就應運而生了。每一位學生都認定其他的同學了解這點，並且採取相應的舉動，不論他們的背景是什麼。他們之間有個共同的觀點是，學生並不只是從教授身上，也會從同儕的經驗中學習。無論是一同生活、一同預習功課、在課堂上一同爭辯、一同工作，或是一同遊玩。

學生們指出，這種族群多元環境能否促進學習的重大關鍵在於，校方是否能夠建立、運用並且積極強化這個基本信念。他們表示，某些共同價值的基本信念，若是遭到校園文化、教職員、校方領導者，甚至學生團體領袖的抹煞，族群多元背景將無法帶來正面的教育成果，原因是尷尬的氣氛可能會破壞學習的環境。

我之所以要強調這點，是因爲學生們對此感觸特別強烈。許多人留意到，這四年大學生涯或許是他們一生中千載難逢的機會，得以與群體中幾乎所有的成員，共同生活在一個主要信念互通的環境裡。無論是努力工作、學術要求嚴謹與完美、對課程應盡的義務，以及認眞參與課外活動等信念皆是。

某些機構所提供的環境，比方說一所高標準的學校，特別期待這類重要信念廣爲流佈。在這樣的環境中，群體中的任何一份子都能自然而然、舒坦自在、習以爲常地和背景迥異的他人，一同聊天、打成一片與互相學習。學生們紛紛指出，當校園裡的氣氛鼓勵這種信念時，族群多元的環境將使他們從種族背景不同的人們身上，獲得多種型態的學習。對大學裡的衆多同學來說，特別是那些生長環境較爲單純的學生，這種學習是十分新鮮的。

有位大三的非裔美國學生，特別強調這種環境與氛圍的重要性：

關於友善環境的重要性，我很難以言語道盡。但這卻是我大一那年的舍監（學生宿舍的輔導員），從一開始便樹立起的成功典範。我所遇到的情形是，這位舍監在第一週便把我們召集到她的客廳裡。我們約有二十個人，全都來自不同的背景和族群。我之所以記憶猶新，是因為在親切打完招呼後，她便直直地盯著我瞧，笑臉盈盈地問我：「你喜歡人家叫你非裔美國人呢，還是黑人？」我當然沒料到這個問題，但我還是爽快地回答：「非裔美國人。」接著這位舍監又問：「那假如有一位學生不知道你的偏好，把你叫成黑人，你會不會覺得受到冒犯？」我的回答是：一點也不會。因為陌生人怎麼可能知道我的偏好是什麼呢？

接著，她又轉到一名拉丁美洲女孩的身上，問她希望被稱為拉丁美洲人，還是西班牙人？然後，她又問了一個在美國出生的中國人，假如別的學生只用「亞洲人」來稱呼他，他的感受是如何？這位舍監甚至還詢問一位白人男孩，比較喜歡被稱為白人，還是高加索人？每當她得到一個答案時，她便繼續追問，假如其他的人用的是那個比較不討喜的字眼時，我們會不會火冒三丈？我們會不會因為對方稱呼我們的方式，而認定他是個種族主義者，或是個不用大腦的傢伙？

我們楞了一會兒才搞清楚，但情況隨即變得十分明朗，原來那位舍監只是在傳達一個簡單的概念罷了。她藉由以身作則的方式向我們展現，儘管她並不知道我們每個人喜歡被怎樣稱呼，但她希望我們都能體察她的善意。進而也體會到當學校裡的其他學生做出相同的舉動時，他們也都是秉持著善念的。

我認為她做了一件非常重要的事。她促使我們思考，如何和不同種族與族群的人們相互往來。她的重點是，我們每個人都握有選擇權；而我們在接下來的四年裡，有許多時刻將取決於自身的決定。我們可以認定所有的學生都是善良的，但也可將所有的敵意與尷尬，從外在世界帶進我們心中。我很欣慰能在第一週就碰上這件事。它提醒我應該把同學看成是善良的，而我相信其他人也有同感。事實上，我確定他們是這麼想的，因為我們之中有八位同學，在往後的三年裡仍然住在一起。我們一定是族群最龐雜的一群。比方說，和我住在一起的四個人當中，恰好有一位基督徒、一位猶太人、一位伊斯蘭教徒，還有一位印度人。

爲了使這種基調能夠紮根，學生們必須達成某種共識，而校園裡各個層級的領導者也必須設法強化它。這項共識既不是自由放任，也不是傳統守舊，只是一種開放的胸襟而已。那是一種與自己長相不同、出生背景互異的人們相識並且交往的渴望。重要的一點是，這種背景上的分歧經常會引發不同的對話、問題與爭論，或許是來自清一色的白人團體、黑人團體、亞洲團體、拉丁美洲團體等。學生們認爲，這項共識——「創造善意的氛圍」——對任何一所大學來說，都應該被放在首要的位置，如此才能使學生快速地超越「長相不同」等微不足道的小事，開始與其他人相互往來與學習。

高中時代多元化的負面結果

當學生聊到高中時期的多元特色時，所描繪的畫面卻不怎麼美好。我們主張，只要讓不同的人們互相接觸，就會引發有意義的學習並且增進情誼，但是，這些學生對於高中時期人際互動的描述，並不支持這樣的論點。他們所陳述的是一個迥然不同的情境。

高中時代的多元特色簡直毫無用處，至少哈佛大學的學生是這麼認為的。首先是關於人數方面。被我問到這個問題的一百二十位學生當中，有四十四位表示，在他們就讀的高中，只有極為有限、甚至看不到任何多元化的情形。因此對這群學生來說，所謂「多元化的衝擊」根本是個毫無意義的問題。

至於其他的七十六位學生，倒是呈現出明顯的模式。其中有二十二位同學就讀的是私立或是獨立招生的高中，這當中有十九位學生對於和不同族群的同學相處的經驗，給予「正面」或「高度正面」的評價。其他五十四位就讀公立學校的同學，則呈現出判然兩立的局面：其中有三十八位學生，也就是三分之一以上的人數，將這個經驗評定為「負面」或是「令人失望」。我們請每位同學提出具體的理由。雖然細節部分有所出入，但普遍的結論很快就出現了。這個結論便是，美國的公立學校，至少是這些受訪同學所就讀的學校，在團體感情的塑造與文化的交流上不夠努力，與私立學校的同學們所報告的情形有如天壤之別。

來自公立學校，並認爲他們在高中時所獲得的多元體驗「令人失望」的大學生當中，有三分之二的人可以毫不遲疑地舉出理由。他們表示校方的領導者，幾乎不曾用心於促進不同背景的學生分享彼此的價值觀。因此，這些高中學生每天總是周而復始地將許多偏見、先入爲主的觀念，以及個人家庭或社群的價值觀帶進校園。他們每天在學校裡，只是不斷地複製這些價值和行爲而已。

有位祖先來自南亞的美國學生，告訴我一則他親身經歷的尷尬故事：

整個高中生涯，我一直面臨著校內多元環境所造成的困境。這個困境展現出，即使是一個高度凝聚的團體，也有可能被一群對別人的感覺或想法反應遲鈍的人所摧毀。特別是當一個團體裡不同族群的領導人之間，所注重及褒揚的價值觀截然不同時。發生在我身上的事，或許有助於其他人了解狀況。

在下我——顯然是個有色人種。我的雙親都是從印度移民來此的。我的膚色相當黝黑，因此經常想起「有色人種」這個用語。它顯然也包含我在內。光是看看我就知道了。但我從未想過，這樣的歸類會產生如此錐心刺痛的感覺。

在我高中時，那是一所靠近芝加哥的學校，大約有百分之三十的學生屬於有色人種。你所能想到的每一種族群，可說是很平均地混合在一起。

我是一位表現優異的學生。對於課業非常認真，而且十分賣力。尤其讓我感到自豪的是，除了選修幾門應用程式的課程外，我還加入兩支運動代表隊。我的幾位朋友，有些是應用程式課上的同學，有些則是運動代表隊裡的團員，皆來自不同的種族。這對高一和高二這兩年來說，都是很棒的經驗。根本沒有任何關於種族的問題發生。

然而本校卻遭到某件災難的襲擊。有幾位所謂「有色民族」的學生家長，決定在我高二結束時贊助一項年度慶祝會。這個主意很好，除了它將涵蓋一項頒獎活動以外——這項活動只將各種獎項頒發給「跨文化圈學生協會」的會員。

我認為發起這個構想的家長，用意是良善的。或許他們覺得非白人學生在一般的學校典禮中，並未獲得充分的獎勵。本校設有各式各樣的獎項，諸如「高二最佳論文獎」、「高一史學課最佳辯論獎」等。不論是哪個項目，若有任何一個因種族而聚集的家長團體，準備只將獎項頒發給有色人種的學生，絕對會引起我的不安。我的第一個念頭是：「他們這樣做是想幹麼——選中一位學生，然後在他／她的頭上安個『最佳有色辯論家』的頭銜嗎？」我覺得這對我個人以及所有非白人學生來說，都是一件有損人格的事。這個做法正好與「建立不同人群之間的共同感」背道而馳。

唉！假如我感到不是滋味的話，那麼我老媽更是怒不可遏，她說她絕不願和這件事有任何瓜葛。這個由種族團體發起的頒獎構想，與她從小到大灌輸給我的任何觀念大相逕庭。在一個理想的世界裡，孰優孰劣是按照個人的情況來評斷的，然而這個想法卻是以種族來區分，因為只有某些種族的學生可以獲獎，我老媽懷疑，假如白人家長決定只為白人子弟舉行一個頒獎典禮的話，事情又將如何呢？

現在請想像一下我的困境。真「感謝」這些家長輕率想出的餿主意，讓我和許多朋友都陷入進退維谷的處境。我的幾位非白人朋友，包括運動代表隊的團員，分裂成兩派人馬，彼此心懷不滿，憤憤不平。兩方甚至一度冷戰，緘默不語。有一派認為這是個好主意，另一派則和我的看法相同，覺得不應該將校園分割成不同的種族團體，這儼然類似種族隔離政策，讓每一個種族團體內部各有各的頒獎活動。

我有許多白人朋友也分裂成兩大陣營。大多數只是一笑置之，覺得可悲可嘆。有幾位則和我一樣覺得受辱，在他們看來，傑出和成就是無關乎種族背景的。

不幸的是，事情變得更加淒慘。這個構想原本是由一小群家長發起的，他們認定，只要是非白人學生都屬於「有色民族」。想當然爾，這包括我以及所有的非裔美國人、亞裔美國人、拉丁美洲學生等，無一倖免。瞧，隨著事件的發展，還有其他人和我與老媽一樣冷眼旁觀。大部分的亞洲學生以及所有的印度學生，都和我們的感覺一樣。

經過幾個禮拜以後，這幾位沒預料到後果的家長顯然已經製造出最諷刺的情境，那就是，最嚴重的敵意竟然出現在不同的「有色民族」之間。當許多亞洲和印度學生表示，他們不想參加這活動時，居然有兩位非裔美國學生的家長，指控他們帶有種族主義的傾向。請看看我，瞧瞧我的膚色吧！你覺得我若被人指控為種族主義者，將會做何感想呢？一個人怎麼能夠冠上這樣的罪名而完全不受傷呢？

你問我在高中時有沒有什麼樣的經驗，可以誘發我思考大學多元環境？有的，我想，當時那個處境所帶給我的教訓如此強烈，致使我對這裡的多元環境倍加珍惜。我則鼓勵每位有色民族的同學，努力讓我們在此地度過的時光，成為我們共同的經驗。我相信，假如我們擁有同樣的價值觀，這絕對是一件可以辦到的事。我們不但刻苦耐勞，且亟欲把工作做好。同時我認為，我們是心胸最為這位年輕人的故事告訴我們，不同種族的學生經常將南轅北轍的價值觀，具體地帶進高中的每日課堂上。假如亞裔美國學生說他們在高中時，每星期比其他種族的學生明顯花更多小時在功課上，您會感到訝異嗎？假如白色人種的英裔美國學生，特別是那些一本正經、壯志如雲的學生，當他們表示憎恨班上那些幾乎不會說也聽不懂英文的學生，會影響到他們的學習以及課堂上的討論時，您會感到咋舌嗎？

這兩個例子經常被我所訪問的學生提起，而我的受訪者都覺得自己是個本性善良的人。同時，他們也都觀察到一個現實的情況。這個現實的情況在都市學校裡尤其普遍，那就是：當任何一位學生對於教育的認眞奉獻，必須爲了適應種族與族群的多元性而受到連累時，學生們對於多元環境的熱誠就會快速減退。這時，差異性只會製造衝突，而無法提供學習的良機。他們會強化每個人最壞的典型，而非藉由私底下的觀察破除此一形象。在所有的訪談主題中，只有學生們在提到高中多元環境的體驗時，語氣多半是負面的。

高中與大學的諸多差異致使許多學生斷定，儘管就理論觀察上來說，多元環境的利益聽起來也許令人振奮，但現實卻經常凌駕於理論之上。有一大部分的人提到，無論是在任何一所大學的課堂內或課堂外，多元環境都必須具備某些先決條件，才能夠提升學習。

學生們相信，有一個關鍵因素造成他們的高中和大學體驗天差地別，這因素我已經提過。那就是，在大學裡，特別是一所用心的學校，所有的大學生都擁有某些共同的核心價值，無論他們的種族背景、地理環境、政治觀點或經濟條件爲何。結果是，大學裡每一位成員對於這個團體的其他成員都有一些共識。每個人都能假定，其他的同學是因爲重視優質教育才來到此地的，而且都是經過一番努力才擠進來的。每個人都希望自己的想法在課堂上受到挑戰，也期待自己對班上有所貢獻。有位畢業在即的大四生，是個白人女孩，她告訴我以下這則高中時代的心情故事：

我認為，凡是討論到「多元化」這個字眼，特別是涉及它的教育價值時，一定是在某種背景下發生的。在進入大學以前，我已經領教過所謂「多元環境的好處」了。因此，它到底有什麼了不起的好處，我實在看不出來。在我就讀紐約公立中學九年級的時候，我們學校湧入一大群拉丁美洲移民。他們和我年紀相仿，但完全不會講英文，就算他們試著開口，也是很不上道的英文。全班二十六位同學當中，這些人佔了六位。無論是歷史課或是社會課的進展，全都因此阻礙不前。我們的老師還不錯，也滿盡心盡力的。無奈當你遇到一個班級，有四分之一的同學既不知道你在說啥，也渾然不知這堂歷史課在幹麼，你該怎麼教起呢？

情況迅速惡化，最後變得無可救藥。所有認真的學生都對一蹶不振的教育品質感到生氣、無奈。而這問題真正觸礁的一刻，是發生在一堂研究高等法院的課程，我們針對租金控制的議題進行辯論。我十分在意這件事，因為我是辯論代表之一，而且我已為此準備多日，其他好幾位朋友也是。

在辯論進行當中，這群不會講英文的小子先是坐立不安，接著再也不願裝出一副聆聽的模樣。他們開始交頭接耳，然後嘻嘻哈哈笑了起來，最後把這整件事都給搞砸了。我幾乎是淚眼以對，而且不只我一個人如此反應。這根本沒有任何的教育效果可言。整個狀況顯然是場災難，但這情形還是持續了好幾週。最後，原本對公立學校誓死效忠的父母，終於把我拯救出來，將我送進一所獨立高中。諷刺的是，在這所獨立中學，種族多元的情況更加複雜，但它卻運作得相當良好。

因此，我學會一個重大的教訓。在這所新的學校裡，學生們或許來自不同的種族與族群，但我們對於彼此為何來此卻有一個重要的共識。校方更透過嚴格的要求強化這項共識，而非坐視任何破壞或搗蛋的行為發生。

這個教訓是：如果一頭熱地主張學生之間的多元化必定帶來正面的教育，顯然是個不經大腦的說法。我曾經親身經歷過相反的情況，感覺糟透了。任何可能會有的好處一定是和背景、環境息息相關，尤其重要的是，我們是否共同擁有一些基本的技能與價值，使我們能夠從彼此的身上學習。天知道，我和這群移民同學沒什麼好過不去的。但這些人不但有語言障礙，還包括其他的問題，例如破壞校園的行徑等，如果說我因為他們來到這個班上，使我的學業表現以及社交生活有所進展的話，那將是個謊言。所以當我進入大學時，對於多元環境的種種吹捧之詞，我是有點半信半疑的。

誠如你可想見的，哈佛這裡的確大大不同。事實上，我最要好的兩名死黨，以及和我住在一起的夥伴，全都來自拉丁美洲。我不但欣賞他們，也從他們身上學到許多。但這是因為我們擁有某些共同的價值觀和技能。首先，正是這些技能與價值觀，把我們帶入這所大學。唯有在正確的情境下，多元化才能收到宏效。但在欠缺最基本的共同價值觀和技能的情況下，學生的多元化所帶來的教育價值，恐怕會變成負面的。

我認為這是校園的領導者，以及那些入學資格的決定者所應負起的責任，以確保我們不會看見多元環境的弊病。我在高中時每天都可親眼目睹這些弊端，而我堅信，任何一所優良的大學都能夠而且應該加以避免。這對學生來說，一點好處也沒有。假如這種事發生在這裡的話，將是一件不可原諒的事。畢竟，套用我在經濟學課上最喜愛的話，這是一項「可控制變因」。

學生們對於高中多元環境的看法，有一項主要是由非白人學生所提出的。那就是，許多高中目前正把一項腐蝕人心的訊息傳遞給所有的學生，亦即，倘若學校提供種族與族群多元的環境，那將威脅到教育品質及學生的傑出表現。如此一來，「促進種族與族群多元化」，便與要求學生用功讀書以臻至完美的想法背道而馳了。非白人學生更提出各種令人困惑的經驗，在這些學校裡，「光是如何讓來自不同背景的學生能夠和平相處」，就已經是個主要的目標了。

他們認爲這將造成悲慘的後果。某些高中的領導者，非但不曾激勵學生挑戰嚴酷的教育課程，還試圖把所有學生的經驗化零爲整。結果造成部分白人學生和家長的反彈。另一個結果則是，非白人學生和白人學生一樣，都無須受到精益求精的鞭策。

在某些非白人學生的眼中看來，他們的打擊是雙重的。首先，他們被白人同學指責爲降低整體的教育品質。其次，他們本身再也不用接受考驗。相反地，學校裡的所有成員都默默接受以下這個論點：爲了要讓每一個人都能「相處融洽」，必須犧牲嚴苛的要求與完美的表現。非白人學生尤其抨擊這樣做不但毫無必要，而且必須付出沈重的代價。這代價便是引起族群之間的憎恨，而任何個人都很難避免因此引發的集體緊張關係。

這些學生所提出的方針是希望全美高中的領導人，切莫爲了讓人們「相處融洽」，而犧牲了卓越的追求。學生們認爲這樣的努力是很可笑的，儘管剛開始是出於一片好意，但後來卻會導致學業品質低落，以及族群之間對立。此外，他們還指出，受害者多半是非白人學生，尤其是那些低收入戶，其中最大的機會損失包括教育與個人等雙重層面。

大學多元環境

大學生有兩種不同的學習型態：一種是課業上的學習，亦即學生互動的焦點鎖定在學術議題、觀點，以及各種想法上；另一種則是人與人之間的學習，在此，學習彼此的不同背景，以及別人對生命與學校的不同看法，正是學生互動時所圍繞的重點。

關於多元化的環境所帶來的衝擊，一般的反應都十分明顯、清楚且極爲正面。有位來自拉丁美洲的學生告訴訪談員陳淑玲：

要從多元環境中學習，亟須仰賴學生具備反省力。我覺得這輩子的前十八年，生命一直被一層面紗所蒙蔽，直到進入這所大學才掀去這層面紗。它接受你的理想，並迫使你回首思索一番，這正是教育對於我的生命所產生的影響。它影響我看待他人的方式，以及我對人際關係的想法。我從這個活生生的經驗中學到很多。

白人學生最能認同其他種族與族群的學生，讓他們學會許多不曾接觸或想過的事情。他們與亞裔美國人、拉丁美洲人、非裔美國人這三個緊緊相連的團體關係十分密切。當我針對這個議題要求受訪學生舉出某些因爲多元環境而得到學習的例子時，只有九位學生想不出任何實例，其他一百一十一名皆可信手拈來。

這些例子中，約有百分之二十來自課堂的討論。許多學生都提到，在小班級或專題研討課上，族群背景不同的學生對於一個觀念、一篇文章或一份歷史文件，往往會提出讓人意想不到的詮釋方式。學生經常回想起，有些同學的主張顯然源自於不同的假設或出發點，而這些出人意表的主張與不同的族群背景，顯然有密不可分的關聯。儘管不是所有的教授都能善用這種教育機會，但還是有些人相當在行，因而往往能促成最大的學習。

其他百分之八十的例子，都是發生在課外的活動、交往或對談當中。它也許來自學生宿舍的一場對話、用餐之際，或是來自一場戲劇、歌唱、舞蹈演出的綵排。

我修了一堂有關耶路撒冷的課，鑽研《聖經》考古學。身為一名伊斯蘭教徒，這是我生平第一次閱讀《聖經》，也是第一次學習基督教和猶太教的觀點。班上有位朋友是基督徒，我向他請教許多有關耶穌的早期故事。他也向我描述了他的哥哥如何在耶路撒冷受洗。這些對話大都發生在課堂外，但卻是課堂上的討論與指定閱讀所引發的，它們讓我了解到，為什麼我們所研讀的這些教材具有重大意義。它們有助於我理解人們對這些地點懷有的親切感，因而使這些地點迥異於教科書上所呈現的「一板一眼」，甚或枯燥無味的學術觀點。因此它們提供我一個足以了解所學的情境。

有些學生提到的情況是，不同種族和族群的學生聯手安排與監督一項活動。這或許包括不同族群共同贊助的校園系列演講，也或許針對有爭議性的政治議題進行公開辯論。這種辯論活動的策劃過程，提供大學生一個可以和他人溝通不同意見的絕佳機會，同時能齊心協力地讓公開辯論順利舉行，並對整個校園團體帶來正面貢獻。有位拉丁美洲學生，便提到了這個狀況：

我認為咱們的「公眾論壇」如此踴躍與成功的原因之一是，在每一項活動中，我們總是盡力將幾位共同贊助者凝聚在一起。我不確定這是從何年何月開始的，不過我聽說在數年以前，有些學生團體完全各行其事，他們所邀請的演講者唯一的用處，似乎只在於鼓吹不同族群之間的憤怒甚至憎恨而已。可以想見的是，這一定會激怒不同的團體。事情顯然十分緊張。我幾乎不敢相信這些故事，它們實在令人氣結不過。我想，假如某些族群特別挑了一位演講者，其焦點只是在煽動人們鄙視其他的團體，我一定也會火冒三丈。那我們這些人算什麼啊？十歲小娃嗎？

顯然在那件事之後，校長和兩位院長聚集學生領袖召開了一連串的會議，設法改善這類活動的發展與安排方式。看來他們的確辦到了。我在本校的這幾年裡，每天晚上幾乎都有演講者前來，而應邀參加的聽眾則不分黑人、白人、拉丁美洲人或是亞洲人。

我們還舉辦過拉丁美洲政策系列活動，這是由六個團體共同贊助的，其中兩個團體是由拉丁美洲人組成，不過這些團體皆涵蓋了民主黨和共和黨，以及形形色色的族群等。可想而知，「文化律動」（Cultural Rhythms）幾乎是人人最愛的一項活動——它主要是以許多不同文化的精采片段為號召，校園裡的每一個族群皆共襄盛舉。這的確充滿了健康的氣氛，或許也是個良性的循環。

多元化的真義

有個讓我意想不到的發現是：有些學生（尤其是非白人）居然強調，「多元化」這個字眼所表達的意義，也包括相同種族或族群之間的歧見。學生們極力倡言，這些歧見是學習與個人成長的另一個來源。他們留意到，在大學裡和許多相同種族的學生相處時，之所以產生一股強大的學習動力，是因爲他們能夠從這些同學身上聽到不同的看法。

有位即將畢業的非裔美國籍學生，向我述說他上過的一堂課。他請我假如採用這個例子的話，要把它描述成他的「發現之旅」——

我猜你訪問過的人多半會告訴你，校園多元化對於他們的意義，即是與不同背景的學生交流往來，而我的例子是在完全不同的多元環境下學習到的。這和白人、拉丁美洲人或亞洲人不相干。它是發生在某一次的社會學課上，我對一位黑人同學的討論方式感到非常生氣。

簡言之，那堂課的主題是：「誰才是美國社會的老大？」我們研究了詹克斯（Jencks）和雷斯曼（Riesman）的作品，同時，專攻社會學的我們，對統計學都有相當不錯的底子。因此我急於閱讀一些頗有爭議性的著作，包括《鐘型曲線》（*The Bell Curve*）和《流線形》（*The Shape of the River*）。你知道，這兩本書所呈現的種族觀點是相當不同的，因此對於誰才是美國社會的老大各有意見。我不預期自己會十分認同《鐘型曲線》一書，但我卻渴望閱讀，而且我有心理準備，知道內容可能會令我不悅。

不過，課堂上的討論卻遠遠比這兩本書當中的任何分析，更教我瞠目結舌。有一天，我們正在課堂上討論不同種族的私生率。教授提出好幾個種族的出生率，這些數據所隱含的事實是，過去十年來，黑人的私生率大約在百分之七十左右。眼見班上有一位黑人同學動了肝火，指責教授在班上傳達這樣的訊息，不知會對他造成了多麼大的傷害。感謝上帝，幸好他舉止得宜，還不算是措辭嚴厲。但他顯然相當不悅。而他的不悅，也造成了我的不悅，只不過是方向相反而已。

我之所以選修這門課的原因完全在此——我必須努力克服令人難堪的真相。我無法想像鴕鳥心態會對任何人有幫助，我希望未來有能夠幫助我的團體。然而，改善情況的第一個步驟，便是坦蕩蕩地面對事實，即使這些事實有時令人困窘不安，這對我來說似乎是顯而易見的事。接下來，一旦我們找到問題時，便可設法找出一些改進方針，然後起而力行。但我的黑人同學卻把事情弄僵了——不論是對教授或是對我。事實上，我滿想聽聽更多關於這些數據的細節，並不是因為這些數據讓我感到愉快，而是因為我必須竭盡所能地了解它們。空思幻想絕對是幫不了忙的。

老實說，我真不知道該怎麼辦。我的同學只是在向一位訊息的傳遞者開炮而已。教授似乎和我一樣猝不及防。感謝上帝，還好班上另有一名非裔美國籍學生。他不但勇敢地站出來說話，還感謝教授分享了這個令人尷尬但卻實實在在的數據。他所表達的，基本上正是我的想法，只除了我缺少勇氣大聲說出來而已。

對教授提出抱怨的那位學生似乎感到意外，想不到同樣身為黑人的同學竟會批判他。但這位黑人同學的方式是如此高明，因此我想，他的確成功地讓抱怨者停了下來、深呼吸，然後重新思考他的觀點。

我想，那堂研討課上發生了許多可以學習的事。首先，那位聽到血淋淋的數據而動怒的傢伙，很快地得知其他兩位黑人同學不但不以為忤，而且感覺正好相反。他們希望針對這個令人不愉快的主題進行更多的討論，而非閉口不談。我想這至少讓他重新思索自己原先的立場。

其次，所有的學生都親眼目睹了此地的黑人學生擁有不同的觀點。我認為這是一件好事，特別是此乃千真萬確的事實。當然，這也不只局限在黑人學生之間——所有背景不同的學生團體皆是如此。

我猜你們也許會說，在大部分的課堂上，某些真的令人下不了台階的尷尬時刻，往往會演變成一次正面的學習經驗。我的確在這次的交流中學到一些事情；其他兩位黑人同學也一樣。而我確信大部分的白人同學，光是觀察我們簡短的意見交換，也學到一些寶貴的東西。對身為一名非裔美國人的我而言，「多元化」這個字眼所寓含的好處之一，便是能夠從團體的意見爭論中學習，然而這個想法卻經常被忽略。

多方觀點激盪校園

假如所有的非裔美國學生、亞裔美國學生、拉丁美洲學生以及白人學生等，在踏進校園之前大致上都讀過相同的書，政治觀點也都相當，對於未來的希望和夢想大同小異，並且擁有相同的史觀——我們便很難認同，「種族和族群的差異」可以提升大學的學術條件。也許跨團體之間的人際關係可以提升，但要鼓舞課堂上的學習，則必須拿出學術精神來看待團體之間的某些差異才行。

事實上，來自不同團體的學生確實會帶來一些這類的差異。學生的背景致使他們暴露在不同的文化薰陶下，對社會制度（諸如警察保護與犯罪控制等）產生不同的觀點，並對於大專院校的領導者如何看待他們也有不同的期待。這些差異挑戰著校園裡的每一個人，如何以正面的方法加以回應。學生凡是在課堂上，以及住宿、工作、學習、社交的場域裡，產生跨團體的互動交流，便能學會更多不同的事物，這是缺乏種族和族群差異的學校所無法達到的。

我們請教學生，哪些「現代」讀物堪稱「格外具有份量」？他們認爲其他的同學應該閱讀哪幾位作家的作品？不同的學生團體顯然出現不同的答案。

不論來自哪個族群，男同學和女同學之間的差異都十分明顯。大約有三分之一的女同學，指名貝蒂・傅瑞丹（Betty Friedan）的《女性迷思》（*The Feminine Mystique*）是特別重要的一本，她們認爲這本書對於理解美國現代文化與社會史來說十分重要。但沒有任何一個男同學提到這本書。接下來，至少有五位女同學提到以下這些作者：維吉妮亞・吳爾芙（Virginia Woolf）、珍・奧斯丁（Jane Austen）、多麗絲・萊辛（Doris Lessing）和尤多拉・偉爾蒂（Eudora Welty）。然而，沒有一位以上的男同學提到這四位作家中的任何一位，其中更有兩位作家男同學完全沒提及。

許多非裔美國學生提到愛莉絲・華克（Alice Walker）和納森・麥高爾（Nathan McCall）的作品，卻沒有任何一位非裔美國籍以外的學生（在九十位當中一個也沒有），提到這兩位作家中的任何一位。

大約有四分之一的猶太裔學生舉出以撒・辛格（Isaac Bashevis Singer）的小說，但卻沒有一位非猶太裔的學生認爲辛格的作品特別重要。

有幾位伊斯蘭教學生認爲馬哈福茲（Naguib Mahfouz）爲現代最重要的作家，但沒有任何非伊斯蘭教學生提到這名作家。因爲我不曾讀過馬哈福茲的作品，於是請他們詳細說明。我了解到，原來馬哈福茲出生於一九一一年的開羅，已經寫過大約三十本有關人類面臨的處境的小說，並曾贏得一九八八年諾貝爾文學獎。有位同學興高采烈地告訴我，馬哈福茲的小說中他最喜歡《慾望宮殿》（*The Palace of Desire*）。他說，馬哈福茲曾受到幾位風格不同的作家影響，包括福樓拜（Flaubert）、巴爾札克（Balzac）、左拉（Zola）、卡謬（Camus）、托爾斯泰（Tolstoy）、杜斯妥也夫斯基（Dostoyevsky）等人，特別是普魯斯特（Proust）。另一位學生的最愛則是《始與末》（*The Beginning and the End*），還有一位則是對《叫化子》（*The Beggar*）大表讚賞。我問這些學生，願不願意和其他同學分享他們的心得與意見。他們表示願意，只要時機恰當的話。當然，他們也願意在一些小團體中，比如在專題研討課上，以及和來自世界各地的室友、朋友聊天時分享自己的觀察所得。

有幾位亞裔美國學生則提到魯迅對他們特別重要。因爲我對這位作家也不熟悉，於是請他們多談一些。學生們告訴我，魯迅一八八一年出生於中國。因爲他無法以專業作家的身分維持生計，所以在大學裡任教多年，並寫了不少短篇小說。有位學生指出《狂人日記》爲她的最愛，另一名學生則提到〈社戲〉，第三位學生則詳盡地描述了〈藥〉

一篇的細節。當第四位亞裔美國學生告訴我，她最喜愛的作家是「魯遜」，特別是他的短篇小說〈奔月〉時，我回答她，她是唯一提到作家魯遜的人。「其他學生提到哪些作家？」她問。我告訴她，並跟她分享幾位同學都指出魯迅。停頓半晌之後，這位年輕學生爆笑出來，並說：「萊特教授，這是同一個人啦！」不過沒有一位亞裔美國籍以外的學生提到這位作家。

第二位最常被亞裔美國學生提起的作家則是施蟄存。我問其中一位學生是否曾和別人分享過他的閱讀心得，他提到曾經將施蟄存的文章帶入心理學、歷史以及文學課的討論上。他說，施蟄存的作品超越了亞洲文化的範疇與二十世紀中國的眞實景況，而著眼於較爲廣泛的個人心理。他告訴我，〈雨季黃昏〉這篇小說，促使施蟄存著手編輯一份名爲《當代》（*Les Contemporains*）的文學月刊。我從這次的討論當中，得知許多海外流亡人士爲何經常發起與籌辦這些文學期刊。這正是兩個不同背景的人交流之下所迸發出的學習，但這次受惠的是我自己。

拉丁美洲學生則提出兩位別具意義的作家。有好幾位都提到阿根廷的波赫士（Jorge Luis Borges）塑造了拉丁美洲小說的風貌。有位女學生指出《波洛帝醫生的報告》（*Dr. Brodie's Report*）是她的最愛，第二位挑選的是《砂之書》（*The Book of Sand*），第三位則看上《幻想生物手册》（*The Book of Imaginary Beings*）這本。還有其他的學生推薦墨西哥籍小說家富恩特斯（Carlos Fuentes）。有一位女學生談論他的作品《良知》（*The Good Conscience*）如何改變她對人際關係的想法。另外有一位學生則舉出《戴安娜》（*Diana*）和《奧拉》（*Aura*）這兩部。第三位學生則指出《泰瑞・諾斯特拉》（*Terra Nostra*）這部合集，堪稱爲西方文學之翹楚。他描述，身爲兩份學生刊物撰稿人的他，曾和幾位不熟悉富恩特斯作品的白人同學，在好幾堂文學課上引發討論與爭執。他留意到，儘管他不常使其他同學認同自己的觀點，但至少使他們有機會閱讀並討論富恩特斯的作品。

這些例子說明了什麼呢？我相信它們提供了不言可喻的證明，那就是，背景不同的學生的確會將不同的品味和偏好帶入校園的討論桌上。當然我也要強調，文學品味還是有許多不謀而合之處。但關鍵在於，在學生之間的互動過程中，某些似乎可以反應出不同族群（或性別）背景的品味，正是學生們彼此教育與學習的管道之一。

我不認爲，爲了證明多元化的教育利基，猶太裔學生必須開始體認夸巴尼（Nizar Qabbani）對他們格外重要；伊斯蘭教學生也不必認同以撒・辛格；而每位大學生也大可不必成爲魯迅或馬奎斯作品的專家。但學生們帶進校園裡的各種背景，的確會擴展這種可能性。根本的因素在於，學生之間的互動關係——無論是發生在課堂上、宿舍大廳或是其他場所——使他們能夠暢談這些作家，以及爲何這些作家造成如此深刻的影響。根據學生表示，這樣的交流確實常常發生。但這些有益的交流應更常發生才對。

好幾位學生都提到，這個舉出「重要作家」的例子，或許是不同種族與族群的學生領導，在共同舉辦活動時可採用的主題之一。在這類活動中，可以針對不同作家的作品產生正面且愉快的討論，學習將可與純粹的愉悅兼容並蓄。沒有人會試圖考驗任何人，或是強制答案的對或錯——大夥只是在交換心得而已。

大學改革指日可待

其次，我們也在不同的族群之間發現不同的態度。一般說來，不同族群的學生在進入大學時，對於大學體制的期待南轅北轍。至於是否希望大學因爲他們的存在而改變，以及如何改變等，答案莫衷一是。如何將自己的觀點傳達給校方的領導人，也各有不同的方法。此外，關於哪方面的大學生活——無論是課程安排、意見諮詢、生活環境，甚至是課程選擇等——最好是以他們的族群背景爲基礎，也沒有一致的看法。

這些意見上的分歧，引起校園裡一番激烈的討論。有時這些歧見還會造成不同族群的組織領導人之間的緊張關係；有時則會使學生領導和校方領導者有些過不去。這些討論或許困難重重，但不同背景的學生倒是一致表示，他們從中學會了許多事情，且經常造成重大的心靈變化。

亞裔美國學生幾乎壓倒性地認爲，「改變作風」以迎接他們的蒞臨並不是任何一所大學的義務，即使他們感覺到，亞裔美國學生已是校園裡一股新興且日益龐大的力量。有越來越多的學生爲自己能夠就讀某所中意的學校，感到三生有幸。大部分的人形容，在這所新的學校裡，有種賓至如歸的感覺。他們坦言，自己是在自由選擇的情況下進入這所學校的，因此，他們相信應該接受現行的組織架構。大多數的人都不希望校方爲了照顧他們，因而改變開設的課程、居住環境、必修規定，以及支援系統，只因他們是校園裡新進的少數族群。

然而，拉丁美洲學生與非裔美國學生的觀點截然不同。絕大多數的人都認爲，既然自己是校園裡的新鮮人，爲了適應與迎接他們，校方理應做些改革，有時甚至是大幅度的變動。至於哪些變動最有益處，則是衆說紛紜。最常被提到的建議是，應該把更多拉丁美洲與非裔美國作家的作品，納入課程書單中。第二個最常被提起的建議則是，校園裡應該爲不同族群的人設立更多的場所，好讓他們能夠聚會、聯誼，並發起學術與社交活動。

每當學生表達希望在校園裡成立聚會場所時，訪談員便會繼續追問對方，希不希望宿舍依照族群來區分。在一百二十位被問到這個問題的學生當中，只有三位覺得這是個不錯的主意，有六位同學認爲各有利弊，至於其他一百一十一位則強烈反對。此外，我們請他們詳細描述和一群多元化學生共住的親身體驗，無論是正面或是負面，看來他們也樂於做出這些評論。有些人義正辭嚴地表示，假如宿舍是按照種族或族群劃分，他們根本不知如何回答這個問題。

在多位受訪學生當中，來自拉丁美洲的學生對於任何一種「特殊待遇」的看法都很分歧。為了適應他們，校方應該做多大的變化呢？這些學生的反應幾乎是對立的。那些反對將學生的族群做過度分類的人，還舉出他們在大學這幾年內的經驗。

訪談員安娜・芬克發現，即使校方基於族群的考量，很努力地安排一些「特殊待遇」使非白人學生受惠，結果經常是褒貶參半，特別是在非白人學生的眼中。在眞實的情境中，這類特殊待遇經常導致非白人學生的尷尬，與一種受到庇護的感覺。芬克指出一個拉丁美洲女孩的實例：

上個禮拜我去參觀就業博覽會。會場上有個攤位，裡頭有位女士和她的組織，正在為新英格蘭地區的獨立院校尋找有色人種教師。我走了過去，有位顯然是個西班牙女子，正和攤位裡的那名女士攀談。等她離開之後，我走上前去，並開口問：「請問您這兒是……？」那位女士將我從頭到尾打量過，然後遞給我一張傳單，說道：「你不妨撥撥這個號碼。」於是我楞在那兒，期待更多的訊息，但她卻未透露隻字片語。

於是我再問，她又指著那個號碼。我說：「我會打電話，但請問您在這兒做什麼？」她說：「我們正在為新英格蘭地區的獨立院校尋找多元化的師資。」我問她「多元化」是指什麼意思，她表示是種族多樣化。我又問她所謂「種族多樣化」指的是什麼，她說：「就是非白人啦！」接著她問我自認為是哪種人。我回答：「有時是白人，有時則不然。」然後我向她解釋，我的父母親都出生於古巴。她站了起來，並衝口說：「原來你是西班牙人啊！真是看不出來！」她立刻興奮了起來，開始用西班牙語和我攀談，接著說：「你正是我們要尋找的人。」於是她要我填妥文件，再帶些小冊子回家。我覺得這真是既可笑又可悲的一件事。

至於白人學生對哈佛大學或任何一所大學，應不應該爲迎接新生而改變作風的觀點則見人見智。大約有百分之六十的白人學生，很贊成校方提供新的課程，並修正現有的課程，以因應並幫助這群新進族群。其他百分之四十的學生，則經常表達出強烈的反對，他們的觀點是，學校應該擁有某些傳統，儘管漸進式的改革是好的，而且無可避免，然而這類改革應該反映出各種學科所拓展的新領域，而非只是反映出校園的族群變化。有好幾位學生舉出環境政策與心靈、大腦與行爲這兩門跨領域學科，便是課程改革的絕佳實例。每所學校都自有一套體系，學生可以接受或加以挑戰。但重要的是，任何一項挑戰都應該伴隨對話機制的建立，如此一來才能成爲正面的學習機會，而非只是對抗權威而已。

從差異中學習

Learning from Differences

在許多校園裡，種族與族群的多元化是個高度敏感的政治議題。因此，學生可能該想一想，他們在大學的這幾年裡，將如何看待這個議題。假如他們的父母親曾上過任何一所美國大專院校，說不定會發現，現代校園有了巨大的轉變。這當然不只包括學校的涵蓋範圍，也許更重要的是校園風氣的丕變。任何一位背景不同的學生在這種新的學校風氣下研究、生活與工作，將可從中學到什麼呢？我將在本章中提出幾件從學生身上發現到的事，這些發現暗示著：和不同背景的學生就讀同一所大學，可以影響與提升學習品質以及個人生活。學生描述了他們在多元化校園裡所經歷的研究、生活、學習、工作，以及玩樂等體驗。

有個關鍵主題是，校園多元化無論是對課業或課外的學習，均發揮影響力。第二個主題則是，學生之間的互動經常對來自不同背景的人——並不局限於任何團體，造成強而有力的作用。第三個主題是，儘管許多交流都是正面的，有些卻顯然有反效果。學生所舉出的例子中，約有三分之二是相當正面的。有些人說，和不同種族與背景的學生互相討論可以增進學習，其他的人描述人際關係的成長；有幾位學生則提到惱人的遭遇。

有些發現讓人始料未及，至少對我而言是如此。在回答有關校園多元化所帶來的衝擊時，我沒想到會有這麼多學生描述一些同時導致學業和個人成長的複雜事件。我也沒料到，學生舉出記憶最鮮明的事件中，有那麼多是發生在課堂外，而且經常發生在宿舍大廳裡。許多的學生描述，宗教信仰的多元化是一個特別有力的學習來源。就讓我先從這個發現開始談起吧！

宗教多元注入正面活力

當我請教學生有關多元化的衝擊時，許多人的回答中多少都包含一些宗教多元化的情形。原本我只專注在種族和族群的多元化上，但我很快發現到，這些都和宗教的多元化交織在一起。所以，了解宗教信仰對學生所產生的力量，可使我們一窺族群多元化的作用。

多元化的宗教信仰無論在課堂的討論或是爭辯中，皆佔有一席之地，它可發揮強而有力的教學作用。尤其當學生可以將個人的宗教觀點融入課堂，並能開門見山地暢所欲言時，這個效果最有可能發生。那些習慣邀請並處理這類宗教意見的老師，最懂得利用這些觀點助長課堂上的討論。那些能夠自由自在地將個人生命裡的精神層面，注入有時看似抽象的學術觀點的學生們，將發現這種結合可導致強大的學習效果。

為何學生如此深信宗教多元化的教育價值呢？有些人表示，班上其他同學在課堂上的說法使他們感到意外、驚訝，甚至震撼。若把它放在一個比較廣泛的脈絡下，比方說宗教傳統的脈絡下，這論點便有全新的意義。學生留意到，他們無須認同所有的宗教論點或宗教觀察。他們看重的只是，如何能夠由於宗教觀點的不同而變得更加豐富。

當學生首次踏進校園時，隨身而來的特徵是什麼呢？首先，假如他們有宗教信仰，不論信的是什麼，全都夾帶著一套既定的核心信仰與傳統；許多人甚至會帶來一些其他人從未見過的宗教禮儀。在課堂上，這些學生或許會以從小到大的宗教訓練爲觀點，據以詮釋文學、歷史或跨文化領域的文章。

至於沒有宗教信仰的學生又是如何呢？這種人也很多，而且讓人意外的是，他們對於宗教多元化的熱心程度，甚至比信仰較爲虔誠的學生還高一些呢！大部分不具宗教信仰的學生，並非那樣欠缺思考。當他們提出觀點時，總是經過一番省思，也樂意受教於那些對某些宗教傳統較爲熟悉的同學。

大學生的宗教多元化情形，與族群或其他種類的多元化有些差異。訪談員莎拉・戈德哈伯（Sara Goldhaber）向四十位有宗教信仰的大學生進行深度訪談，歸納出這樣的結論：「在每個人有宗教天性的前提下，大部分的學生透過社交活動從同伴身上獲得的宗教多元觀點，將比他們在課堂上的討論來得多。」我訪問的學生也非常同意這點。大部分的人都覺得，在正經八百的課堂上分享信念和經驗，以增長個人的學習，是一件相當困難的事，儘管並非不可能。他們發現，在一所要求嚴格的大學裡進行課堂討論，可想而知的是，其本質將會驅使人們朝向較爲學術與抽象的對話和分析。

學生提到有關宗教多元觀點的學習軼事，幾乎都發生在課堂之外。不同信仰的人群所形成的絕佳互動，更是大大肯定了寄宿大學的特殊價值。將不同背景與宗教信仰的人們集合起來，使他們能夠一同生活、工作、玩樂，這個做法導致有效、正面而且豐富的學習。這是證據確鑿的事。戈德哈伯和我都發現了多元宗教所帶來的多種學習。

宗教信仰的再確認

對一些學生來說，和其他宗教信仰或根本沒有信仰的人，如此緊密地生活在一起，將促使他們自我反省與內在關照，以重新確認自身的宗教信仰。有位信奉天主教的學生告訴戈德哈伯：

> 我對於我的宗教信仰重新做了一番檢討。大學裡的獨立生活以及知識成長，是對我影響最大的兩項因素。這些因素使我以更批判的角度思考自身的宗教信仰，它們不再是我從小到大養成的傳統而已，也不再是我僅知的一切。如今在大學裡，我的周遭圍繞著各種宗教信仰的人，有些人甚至選擇沒有信仰的道

路。與這些人共同生活和交流，造成了重大的變化。光是拿我和其他學生對照，並留意我們之間的不同，就足以讓我重新思考自己的信仰，最終並給予再度的肯定。

與其他學生的討論，挑戰了我的信仰，也迫使我對之做出解釋。為了做好這點，我試圖為我的信仰尋找知識基礎。我認為我已透過和牧師交談、閱讀文學、禱告以及自我思考等方式，找到了答案。大學教育的目的之一，便是了解你是誰，以及你想成為什麼樣的人。我認為每一位天主教徒都有責任認真去思考其傳道的天職，而思考的過程中，使我想起什麼對我來說是重要的，以及我的生命動力為何。朋友也經常針對一個議題，跑來問我「天主教徒的立場」是什麼。

比方說，關於婚前性行為，我已經了解天主教會為何認為那是錯誤的，而不只是規規矩矩地奉為圭臬。反對的原因基本上牽涉到宗教與理性兩個層面：天主教會認為，婚姻是男人與女人之間神聖的信約，受到上帝特別的賜福，因此唯有在婚姻關係成立之後，雙方才可以從事性行為；此外，婚姻也是個永恆的制度，因此性行為——一種肉體之愛最親密的表達方式——只有在這樣的範疇下才是合宜的。至於其他議題，我則常和天主教會的立場互相角力，且對於正統的看法多所懷疑。儘管有時經過漫長的思索與掙扎之後，我並不贊同教會對於某個議題的正統看法，但我還是不認為可以輕率地把天主教的觀點全都拋到窗外。

理解與尊重其他宗教

在大學校園裡討論與檢視不同的想法，是一件自然而然的事。還有什麼比和背景不同的人一起討論更適合呢？學生表示，當彼此的差異是在宗教信仰上，他們將學會許多有別於自身信仰以外的宗教知識。只有少數幾位學生，有幸接受過其他宗教習俗、傳統與信念的深度洗禮。因此大學裡的共同生活，將提供一個討論不同宗教觀點的理想環境，更棒的一點是，還可觀摩其他學生進行他們的宗教儀軌。幾乎每一位接受我們訪問的學生，對於那些能夠忠心奉守宗教傳統的人，都表達由衷的尊重，儘管這需要付出一些社會代價。親眼見證朋友和同學能夠確實履行宗教習慣和信仰，將引發一種特別強烈的學習慾望。

此點一直被不同宗教的學生反覆提起。這全有賴於住宿的安排，使得來自不同宗教背景與傳統的學生，能夠日復一日地相處且打成一片。在一所擁有許多特例因而無法概觀而論的學校裡，學習不同的宗教傳統，似乎成了住宿生活的必然特色之一。

我生長在一個基督教社區，在進入哈佛大學以前，不曾遇過任何一位猶太人。大一那年，和我同住的一位室友對於重大節日十分在意，使我學會了許多猶太人的傳統。這真是個大開眼界的機會，得以見識到不同的曆法規定、用餐規矩，以及節日的傳統禮儀等。

在逾越節（Passover，譯註：猶太人的三大節日之一。這個節日是要紀念以色列人獲得拯救，脫離埃及的奴役。在當日及隨後的七天不可吃任何酵，這段時期稱為無酵餅節。後來耶穌與門徒們所吃的最後晚餐，即被稱為主的晚餐）期間，我和這位猶太裔的室友，以及另一名基督教室友，連袂前往一對友人所舉辦的逾越節家宴，這對友人其中一位只有一半猶太血統，另一個則是純猶太人。這場餐宴可說是集各種信仰之大成。他們還邀請了一位伊斯蘭教徒、一位佛教徒、一群基督徒，還有幾位猶太教朋友，在餐桌前整齊有序地一字排開。我們人手一本猶太法典（Haggadahs），每唸到一段祈禱文時，這對友人就會詢問在座的每一個人，他們所信奉的宗教傳統是否也有類似之處。

那時正好是復活節的前一個禮拜，前一天才剛過完星期五的耶穌受難日。當時我們也舉行一場類似的餐宴，以紀念耶穌的最後晚餐。在此之前，我從未認真想過基督教的最後晚餐和猶太教的逾越節家宴有什麼關聯。在主日學校裡，我們知道耶穌參加的是逾越節的餐宴，但假如你從未親身參與過，對你來說根本沒有意義，不過是件雞毛蒜皮的事，不值一提。所以，將這兩個節慶串連在一起，並邀請一群樂於分享自家傳統的人士聚會，真的是一件很棒的事。我們花了幾小時，完成逾越節家宴的整個過程，再加上不同信仰之間的交流討論，過程比那些希勒爾派（the Hillel，編註：希勒爾是一世紀初的猶太教聖經註釋家，了解當代的社會和經濟需要，解經不拘泥於詞意；後世學者多根據此法講授《塔木德經》）的門徒還要冗長呢。

那天晚上，我對耶穌的形象有了前所未有的認識。我知道他是個猶太人，但在頭一次體驗了他所參加的餐會型態之後，才明白為何他的門徒要聚在一起喝酒和吃麵包——其實是無酵餅。在每星期的聖餐上，牧師都會引述祈禱書中一段耶穌的話：「你們每逢吃這餅、喝這酒，為的是紀念我。」或類似的話語。我從不明瞭其中的意義。起先我以為，這些東西只是指一般的食物而已，後來我才知道它根源於逾越節的晚宴，且由於每年只舉辦這麼一次，意義格外特別。

此外，我原本以為耶穌的這段話有點自我指涉的味道，在門徒的耳中聽起來，應該是一記預言耶穌將死的警鐘。但我在逾越節的餐宴中得知，道出重要話語並非一件不尋常的事，因為在逾越節餐宴上的其他話語，同樣字字珍貴。在觀摩了這場特殊的精神饗宴之後，耶穌的話語不但變得更有道理，也為我帶來嶄新的意義。我覺得現在的我，已經擁有了解其他宗教的基礎。

探索自我的信仰

讀大學這幾年正是一段蛻變、反省、質疑與探索學生內在信仰的大好時期，而宗教的多元化可幫助更深入這個探索之旅。有位女學生便在這場探索中途，向訪談員戈德哈伯表明：

藉由觀察其他幾位較具宗教熱忱的室友，並和他們交往之後，我所學到的每件事都能幫助我決定，在我的信仰系統或統稱為我的精神領域中，什麼東西算是重要的，什麼則是不重要的。在此我有一個具體的例子。

我有一位室友，是個嚴守教規的清教徒，她的結婚對象也十分虔誠，且立志要當一名牧師，但他所從事的宗教行為，在我看來卻具有相當明顯的性別歧視意味。當我的室友決定嫁給他時，令我非常難以理解。但她的婚事卻讓我明白，在探索宗教的過程中，重要的不是挑剔別人的信仰為何，而是如何和他人以一種大愛與關懷的態度相互交流。對於他人的宗教和信仰，我學會了如何忽視和原諒那些我並不贊同的地方。

這個過程迫使我思考自己信仰的是什麼。假如我真的相信上帝存在於每個人的心中，而且人類都是有知覺的，那麼迫害的問題就無關緊要了。若認為性別歧視將會迫害人類，便形同否定個人的精神力量。不過，這樣的觀點還是讓我惴惴不安，因為它迫使我接受一個與我的直覺背道而馳的世界觀。我是個自由主義者，致力於減少貧窮、受苦以及許多迫害。因此，若要我相信方才所描述的那套精神架構，將很難為我的工作做個交代。我認為這必須完全扭轉我對於受苦的觀念，對此我還差得很遠！

各種宗教一家親

具有強烈宗教信仰的學生，對於篤信其他宗教與來自其他族群的學生，往往能締造出獨一無二的連結感，並衍生一種特別的尊重。關於這點，有位學生說得極好：

身為一名天主教徒，我發現我和篤信其他宗教的人們之間，存在著某種聯繫。

跨宗教的討論場所當然有助於各方的連結，比如說，希勒爾派的猶太學生便和我們分享許多事情。在決定一些棘手的道德問題上，若是看到虔信其他宗教的人，例如猶太教，並發現他們和我們之間有許多相似之處，往往會很受用。此外，我們還分享了一些宗教文化上的有趣之處，比方說，天主教或猶太教裡的罪惡觀。

當我和其他宗教的人們相處時，不論他們信仰的宗教是什麼，我都能舒坦自在地暢談某些事情，或把某些事情視為天經地義。而這正是關鍵所在。舉例來說，有一位信仰其他宗教的人士，儘管私底下並不贊同我對墮胎或生育控制的看法，但他對於這些不受歡迎的政治意見仍然較為體恤。他們可以了解，這是塑造本人生命的信仰之一。此外，我有一大部分的生活，都被上教堂和參加天主教學生聯盟給佔去，對此，基督教團契裡的清教徒學生，以及希勒爾派的猶太教學生，可能也有類似的經驗。

將個人生活融入課堂討論

當課堂上的討論提到宗教觀念時，學生經常將這些討論和個人的信仰與生活串聯起來。結果產生一種巧妙的混合，甚至偶爾會有冒犯的風險。然而，這樣的張力卻有助於學生將學術和個人的生活層面連結起來。有位年輕人告訴戈德哈伯：

在一堂「司法」課上，我經常覺得自己的道德觀點宛如一張白紙，但它們顯然深受我的宗教信仰影響。無論在課堂上或報告上，當老師要求我們陳述並解釋自己所認同的哲學家時，我發現我所尋找的，都是那些最接近我的宗教觀點的理論。但我必須刻意隱藏我的宗教觀點，並以世俗性的哲理加以掩飾，這讓我覺得相當怪異。不過，問題並非出在教授身上，而是這堂課似乎不需要太多宗教方面的哲學基礎。

舉例來說，我利用《新約》上耶穌所說的格言——「愛人如己」（Love thy neighbor as thou love thyself），推衍出善待他人的觀點，儘管我可以理解自己的推論方式，然而當我試圖將觀點傳達給同學時，我卻得回顧社會契約論中對於市民應盡的義務，以找出一種較為通俗的哲學理論。但它無法完全捕捉我的精髓，因為若是以「己所不欲，勿施於人」的話語來代替，這與「愛人如己，不論他們愛你與否」意義並非完全相同。

我認爲這位同學，對大多數校園裡的學生和老師提出了一項挑戰。有宗教信仰的學生在結合個人的宗教信仰和課堂上的學術討論時，總會面臨一道眞正的難題。宗教自有其特殊之處，而不同於大多數的其他觀點、意見或是信念。儘管莎拉・戈德哈伯對於宗教差異將促進學生在學業與個人兩方面的學習，抱以高度肯定的態度，但也直言不諱地道出她的質疑：

欲使校園的氛圍助長熱絡的宗教討論與分享，是一個持續不斷的挑戰。舉例來說，大部分的學生、老師以及行政人員都說，多元化的學生主體十分可貴，因為現代大學教育的目標之一，即是從學生身上習得不同的經歷與觀念。假如一位越南裔的學生邀請一群朋友或是一個班級，參觀越南的烹調與文化，大部分的人都將覺得這個邀請榮寵備至，即使他們無法撥冗參加。然而，假如一位信奉天主教的學生，邀請同一批人參加教堂的禮拜或討論小組，許多人也許會掉頭就走，甚至把這個邀請解讀成傳教行為而感到深受威脅。

宗教和其他種類的差異性根本的不同在於，前者涉及深刻的信仰，而與其他的重要經驗（例如文化體驗）或生理特質（例如人種）無關。因此，即使有宗教信仰的學生在別無居心的情況下，試圖分享他們的體驗，並努力向其他人展現世上不同的生活方式，也未必受到善意的接納。

宗教與文化或種族的差異之間，還有另一個不同的地方，即來自於宗教信仰的核心。儘管大部分的人都渴望體驗與觀察不同的文化活動，但在宗教活動上，許多人就不願意這麼做了。這種排斥感似乎根源於兩種感覺：第一，一個人既有的宗教也許禁止那人再參與其他的宗教活動，而假如那人是個無神論者，他或許會避免見到任何一種宗教的價值觀；第二，不具宗教背景的人或許不願意接受挑戰，甚至討論宗教的信仰或活動，因為他們覺得這種討論將徒勞無功，亦或覺得自己的基本知識根本不夠充足。

戈德哈伯並未誇大有宗教信仰的大學生所面臨的難題，以及校方領導者應該設法讓信仰不同宗教的學生在校園裡感到賓至如歸與自在愜意的重要性。有位遵奉猶太教律法的學生所做的短評，便暗示了某些難題，同時也展現她應付這些難題的方法：

我在哈佛大學時期，刻意不去選修任何關於猶太教的課。基本上，我根本沒興趣在學校裡，以學術的角度探討自家的傳統，特別是在一所由基督徒創建的學校，例如哈佛。這所學校在骨子裡仍然是一派清教徒的作風。舉例來說，當你走入桑得斯劇場，牆上的標誌仍然寫著「基督教堂」。此外，在哈佛庭園中央的一棟大教堂，也代表本校的特色之一。我不在乎這些，但它們的存在並非偶然，並反映了這所學校的價值觀。

其次，我之所以不選猶太教的課，理由是：我是為了學習新的事物才來這所大學的。我來此地是為了知識的探索，而我認為這與個人的信仰探索相違背。因此，就我的定義來說，我覺得在學術之旅上，必須保持一定的分析距離。我不願意探討自己的傳統——猶太教，因為我必須和我的傳統之間保持一定的分析距離——並且這是我不必也不想做到的事。

我仍然認為人們應該無拘無束地分享自己的宗教觀。而我之所以決定不在哈佛大學裡研究猶太教，並不是因為我認為哈佛大學無法接納我對猶太教的論點，而是我不認為我對於猶太教的情感可以融入哈佛大學。

總之，誠如之前提過的，學生們認爲校園裡的宗教多元化有高度正面的意義。戈德哈伯從學生之間的訪談中，總結她的心得如下：

我確實聽到學生對宗教多元化造成緊張關係的真誠告白，以及不同宗教信仰的學生之間缺乏接觸。然而，我卻感覺到一種沛然莫之能禦的正面交流與互敬的滋長。人與人之間多了尊重，負面的刻板印象消除了。在我訪問的十位天主教徒、十位清教徒、十位猶太教徒，以及十位伊斯蘭教徒中，每位都向我透露了這正面結果的精確性。如此強烈的一致性讓我瞠目結舌。他們全都得以認識哈佛大學裡的其他學生，使他們在個人的層次上能夠增廣見聞，並對其他的宗教團體表示尊重。基於各種理由，受訪者都很珍視他們與信仰其他宗教的人接觸的機會。許多人強調，與活生生的人群交往，得以驅逐那些因普遍的刻板形象、媒體的簡化或政治爭論而烙印的觀念。

共同生活，相互學習

當我打算詢問學生族群與種族的背景和學習之間的關聯時，我原本期待的答案是，大部分的「課業」學習應該是在課堂上發生的，而大部分的「個人」學習，則是出現在課外的互動關係中。那些擔任訪談員的學生卻預言，訪問的結果將不同於我的預期。而他們果然一語道中，學習並非以如此涇渭分明的方式進行。

也許正因爲上課和課外之間的學習是相互融合的，當學生每天都得和不同種族與族群的學生交流時，便能造成一種強烈的印象。這發現使我們體認到住宿安排的重要性，要緊的是如何創造一個可將不同背景的學生匯聚在一起的環境，而非製造種族或族群之間的對立。假如不同背景的學生老死不相往來，我們將會喪失寶貴的學習良機。學生給了我們許多這類課業學習和住宿生活相輔相成的實例，他們更把這些視爲大學生涯的精采片段。有個生動感動人的故事來自一位大三學生——

我是個非裔美國人，生長在一個標準的中產家庭。我上的是一所混合式中學，所以當我收到大一室友的名單時，對大學的情況早已有所預期。我們一共有四個人——兩名白人和兩名黑人，平分三個小房間。所以有兩個人可以分到單人房，另外兩人則必須共住一間。我懷疑這問題要如何解決，預料這將造成某些緊張關係。我只希望這種緊張關係別因為種族問題引起才好。

結果，我的預測完全錯誤。我們很快地解決了房間的分配問題，大夥同意前半年由兩人共住一間，後半年再由另外兩人同住。於是，一個可能發生的難題便迎刃而解了。在前幾週，我們四個人全都相處得頗為融洽。

不料在課堂上卻發生了某些緊張關係。我和一位白人室友同樣選了一門文學課，在這門課中，我們要閱讀不同作家的作品。這使得學術課業和我們的私人生活有了交集，而它造成了某些困難。

我尤其記得兩個例子。我們讀了兩位黑人作家的作品，保守說來，他們的風格迥然不同，其中一篇是伊瑪目·芭拉卡（Imamu Amiri Baraka）所寫的〈廁所〉（The Toilet）；另一篇則是詹姆斯·鮑德溫（James Baldwin）住在巴黎時所寫的論文。我認為芭拉卡非常複雜而且富挑戰性，鮑德溫則讓我失望透頂。然而，我的白人室友卻和我的看法完全相反。

你也許會說，這是正常的事。兩名學生對於兩名作家各有不同的觀點，這有什麼好大驚小怪的？但不知為何，當我們在討論的時候，兩人都覺得非常生氣。我原本以為他會贊同我的看法，而他也以為我會贊同他。接著，他把芭拉卡的作品形容為「純粹的垃圾」，而我則把他的評論視為種族挑釁。於是我悶不吭聲，再也不和他說話。我們的關係變得異常緊張。

感謝上帝，多虧了另外兩名室友。他們兩人相當清楚發生了什麼事。數天之後的某個晚上，他們兩人再也受不了這種緊繃關係了。於是在我們定期舉行的「團體牢騷時間」裡，他們迫使我倆打開心結。

那天晚上，我頭一次體悟到，假如我只是因為對方不欣賞某一篇黑人作者的文章，就認定他是種族主義者，而對一位秉性善良的白人發飆的話，那我真是個大笨蛋。假如我向我的白人室友表示，不欣賞詹姆斯·喬哀思的作品，而他因此指責我的評論帶有種族主義色彩，這時我的感覺又是如何呢？我一定會生他的氣，並且覺得我的憤怒是理直氣壯的。

好消息是，到了大三這年，我們四人仍然住在一起。真要感謝大一時我們共同經歷的尷尬時光，如今我已可以無拘無束地批評詹姆斯・麥肯納（James Michener）、喬哀思或亨利・詹姆斯；而我的白人室友也可以隨心所欲地發表他對任何一位黑人作家的真實想法。如今，我們甚至可以一同嘲笑，因為我們之間有一種連結感。我很難奉勸別人像我們這樣生活在一起。但我可以肯定地說，對我而言，住宿安排和學術課業的交集是一個大好的學習經驗，一場莫大的勝利。

另一位同學在大三那年告訴訪談員安娜・芬克以下這個例子：

大一那年，我有一位黑人室友，兩人成了非常親密的朋友。我們覺得對方比許多人更容易溝通。

身為一名白人，我認為在大一那年擁有一名黑人室友，使我認識了形形色色的人。我認識了他所有的朋友，而我不認為那有什麼不尋常的地方——任何一位交友圈不同的室友都會帶來這個結果。

他來自喬治亞州，有根深柢固的美國黑人傳統。他對宗教信仰頗為虔誠，而且是個保守主義者。他的確向我展現了某些特別有趣、珍貴而且可敬的美國黑人傳統。在討論當中，我意識到他內心的某些掙扎，以及其所面臨的處境。如同我在高中時一樣，黑人和白人在學業上總有一段相當大的差距，而我有興趣知道他是如何解決這些難題。

我不認為任何一個來到這裡的人不帶有先入為主的觀念。這些觀念是從你的生活經驗中產生的，但它們總是隨著新的經驗而改變。我以前上的是一所種族混合式的高中——黑人學生約佔半數以上。在此，我有機會認識其他種族的學生，並和他們一起尋找問題與討論答案，這使我更有把握知道自己是誰，以及我的信念是什麼，而這些都與種族無關。在我的故鄉德州小鎮，人們對於不同種族的談論經常落入某些不良的模式。我們有一些固定的方法，用以掩飾緊張關係。如今，我較願意開門見山地暢論我對某個議題的真正想法。

對每位學生來說，大學生活的基調在初期即已定型。這些基調大半有賴於室友、鄰居以及舍監的掌握，住宿環境再次證明對態度和關係的塑造有深遠的影響。一位年輕女孩向莎拉・戈德哈伯述說了一段意想不到的友誼：

大一那年搬進宿舍時，第一天晚上我們全都聚集在舍監的房間裡。她請我們各帶一件寶貴的東西，並將它向全部的人介紹。那年夏天，我才剛從東歐和以色列旅行歸來。我帶了一個枕頭。小時候，我最好的朋友是一位以色列籍的女孩，他們全家已經搬到美國好多年了，我就是到以色列去拜訪他們。當我離開時，他們家幾個小孩送給我一個親手做的紅色心型枕頭。上面用希伯來文寫著「一路平安，我們愛你」，以及所有人的名字。這對我來說，真的意義非凡。我認為這個枕頭是我的人際關係與宗教經驗的最佳寫照。

輪到我之前的那位男孩，說他是個巴基斯坦的什葉派伊斯蘭教徒。他的寶貝是一串項鍊，上頭裝飾著好幾篇可蘭經文，以及一把彎刀。這讓我目瞪口呆。我從未如此直接地接觸一位伊斯蘭教徒，而且我對猶太人和伊斯蘭教徒之間的惡劣關係，歷來也帶有一種偏見和恐懼感。

在震驚和害怕之餘，我照樣說了我的台詞，並向大家解釋我是個虔誠的猶太人。他轉過頭來，向我咧嘴笑著說：「太好了！要找到一個同樣不喜歡吃義大利辣味香腸披薩的傢伙，真是有夠難的。」我們很快地成為莫逆之交，而令人莞爾的是，我們還可以結伴去吃晚餐，因為我們有類似的飲食習慣。

在宿舍裡認識一位伊斯蘭教徒，才使伊斯蘭教在我心中成為真正的宗教。在此之前，它只是一個狂熱的理想而已，如今它變成真實的人們所遵循與信仰的宗教。這個經驗使我體悟到先前對一般宗教所抱持的偏見，特別是對於伊斯蘭教。在遇到他以前，坦白說，我才不願意相信他可以把伊斯蘭教徒的觀點杜絕於任何討論之外。我看到許多人總是帶著錯誤的假設，因為每當有人指出伊斯蘭教徒篤信宗教時，人們便妄下斷言，說這就是他們的唯一特徵。

和不同背景的學生住在一起，的確可以改變行爲。爲了讓學生在談論住宿生活的影響時，避免提出一些陳腔濫調，我要求這些受訪的學生，從住宿生活的經驗中舉出一些具體改變行爲的互動實例。有兩位住在同一棟宿舍大樓的大四學生，不約而同地告訴我一件特殊的事情。這個例子不但說明了室友的影響力與明智選擇的重要性，同時說明了住宿經驗如何改變一個人的行爲模式。其中有一位大四學生如此描述這件事：

我們有八個人全窩在一起。八個大男人耶！其中有四位白人、一位黑人和三位亞洲人。某個週末下午，大夥正圍在一起閒聊。我們從大一那年就認識了，幾乎可說是朝夕相處，沒什麼驚喜可以期待的。我們對彼此都感到很自在。

那是去年十月的事了。我記得有個亞洲人問：「十一月的選舉你們要怎麼投票？準備回家嗎？還是打算投缺席選舉人票？」我們五位非亞洲學生都說，還沒想過這個問題。事實上，我們之中有幾個人可能會乾脆棄權，因為我們都相當忙碌，也都不是來自校園附近的城市或鄉鎮，所以，我猜我們很可能會不去投票。

那幾位亞洲學生露出怫然不悅的神情，質問我們知不知道翁山蘇姬的事。其中有個人知道她是緬甸人，得過諾貝爾和平獎，但卻因為爭取緬甸的民主政治而遭到軟禁。他們又問我們，有沒有聽過王丹這號人物，他在中國天安門前的學生民主運動中遭到逮捕。他們又問我們知不知道魏京生，他為了爭取中國大陸的民主高聲疾呼、振筆疾書，結果遭到入獄坐監的下場。在知道這些人的故事之後，以及他們為了投票權而甘冒風險，而我們這群人竟然將這許多事情視為理所當然，他們迫使我們思考，怎麼能對那年的選舉視若無睹呢？

是的，不用多少時間，他們就讓我們慚愧得無地自容了。真是高招啊！他們甚至不用把我們弄得一鼻子灰，就確實改變了我們的行為。因此，我們五個人在當天下午，便慎重其事地將缺席選舉人票郵遞出去。也就是說，我們五個人全都投了票。如今我回想起那天下午，當時看來似乎只是一樁小事，但它卻實實在在影響了我。我敢跟你們打賭，這輩子我絕對不會錯失任何一次選舉。

為了讓學習——與行為的改變——得以發生，學生之間必須融合與交流。理論上，不同背景的學生應該會攜手合作以完成一項共同的任務。有時是發生在正式的課堂上，更常發生在非正式的課餘時間。關鍵之處在於：廣泛的接觸，最好是課內與課外兼而有之，能使學生從校園的種族差異中受惠與學習，住宿環境便能孕育出助長這類學習的接觸機會。

跨種族的交流之道

為了從彼此身上學習，來自不同背景的學生應該花點時間聚在一起，所以，若能了解學生實際上花了多少時間和其他背景的學生交往，可能會有所幫助。任何一所學校的學生與領導者，或許應該調查一下這個問題。

無庸置疑地，在許多學校裡，學生經常會在課堂上和不同種族的人群打成一片。不過，融合的情況自然有所不同。為了探索哈佛大學裡的融合程度，我們在審慎思考之後，同意挑選一個簡單而直接的指標，於是決定請教學生關於選擇室友的問題，亦即：

哪些學生會選擇和不同種族與族群的學生住在一起？

在哈佛大學，所有的大一新生都會跟一位或多位室友合住。這是經過教務處深思熟慮的安排，因此同室而居的一群人大都包含不同的種族背景。我知道許多大學也都採用類似的方法。但經過一年以後，學生就可自行決定要和誰住在一起。

因此，我們隨機挑中一群大四學生，並問他們：是否曾經選擇和一位不同種族的室友同住？每位學生都得簡潔地回答「是」或「否」。在「不同種族」這句話裡即表明得很清楚，我們所想的是四大族群：白人、黑人、亞洲人和拉丁美洲人。而一位猶太裔的白人學生選擇和一位衛理公會教派的白人學生同住，則不在我們的定義範圍之內。

我們發現，有百分之七十八的學生都曾在大學的某段時期，選擇和至少一位不同種族的人同住。當我將這個結果和迪恩・懷特拉（Dean Whitla）博士分享時，他回去查閱哈佛大學教學調查與發展辦公室裡的資料，告訴我他也曾經做過一個類似的研究，所得到的結果是百分之七十六。所以，我們可以有把握地說，哈佛大學的學生選擇和多元種族同住的比例是很高的。

這種選擇和不同種族與族群的學生同住的模式，有助於促進非正式的交流機會。而當我請教一位虔誠的猶太學生關於選擇室友的問題時，學校裡的住宿安排便很清楚地展現了它的影響力與重要性。他的其他三位室友分別是一位基督徒、一位伊斯蘭教徒，以及一位印度人。這四個人都篤信自己的宗教，其中兩位的膚色較白，另外兩位則較黝黑。這四個人全都到彼此的家中拜訪過。

這個年輕人喜不自禁地描述，他們每人如何透過這種住宿安排，而從其他三人信仰的宗教中獲益良多。他說他正式上過兩門關於世界宗教的課，而這兩門課都教得很好且讓他滿意。不過他強調，每天和室友的互動與交談，遠比任何一本抽象的讀物對他更有幫助。

兩難的抉擇

對某些學生來說，最困難的部分是來自他們和不同背景的人近距離相處時必須面臨的抉擇。即使是考慮最周到的學生，對於理想的友誼模式與交往模式，也各有不同的看法。

儘管學生和不同種族與族群的人一塊交談、生活與研究，都可讓他們學習甚多，然而，每個人還是得掙扎於朋友及家人的期待，被迫做出兩難的抉擇。校園裡的種族多元背景，使每一位學生都面臨壓力，有些壓力十分直接，有些則較隱微。這些壓力迫使學生必須仔細思考他們要如何處理某些衝突。

有幾位非裔美國學生在訪談中提到他們所面臨的壓力，是有關如何安排他們在校園裡的社交生活。每位學生都特別提到校園裡「整合派」和「分離派」這兩股壓力所帶來的衝突。他們提到剛讀過一篇由小亨利・路易斯・蓋茲（Henry Louis Gates Jr.）先生執筆的論文，蓋茲教授在文中回憶，二十五年前當他以黑人新生的身分踏進耶魯大學時的景況。這幾位學生指出這篇論文捕捉住他們親身經歷的某些挑戰，建議其他學生閱讀這篇文章，因爲他們表示，一旦友誼模式在大學生涯的前幾週定了型，日後便很難再有重大的突破。

有幾位學生則指出其他的壓力來源，迫使他們必須做出困難的決定。有個顯著的例子，發生在一位來自加州的韓裔美國學生身上。當她被問到校園裡的多元化情況，對於她的學業或個人造成了什麼影響時，她立刻談到有關個人方面的影響：

我打賭你們一定聽過許多振奮人心的故事，都是有關接觸不同背景的人如何提醒我們重新思考原本的想法，以及提升所有人的生活品質。嗯，我的確是那些被迫重新思考既有假設的例子之一，但我不大確定自己的生活品質是如何受到影響。事實上，多元情況如何與我最重視的價值達成協議，才是最令我頭痛的地方。

在新生訓練週舉行之前，我遠從加州飛來此地，而我要告訴你們，我和母親在飛機上的對話是什麼。我母親是位傳統的韓國婦女，工作十分賣力，而且捍衛堅守家庭的價值。當然，她也把這些價值灌輸在我身上，成為我生命的核心。是的，她在飛機上談到她對我的期望，而且單刀直入。她說希望我只能和某些人交往，接著她一一排定順序。

她最希望我結識韓裔美國男孩，其次是華裔美國人，接著是其他的亞裔民族。最後也許還可交交白人朋友，但只是也許而已。至於其他的人則無法跨過門檻。我不認為她這些話說得保留而有彈性，因為這是她從小被教導的觀念。她認為家庭便是一切，比所有的事物都來得重要，無論對她或對我父親而言都是如此。

你能想像，這對來到此地的我有多大的影響嗎？我覺得我不能讓任何一位不是亞裔民族的美國人太了解我。萬一他請我參加派對，或想建立更加親密的關係時，我該怎麼辦呢？當然我知道，若是遵照家父、家母的願望，我勢必付出一些代價，而且會局限了我的交友圈。

但我一想到父母親幾乎可說完全為了我，犧牲了他們自己的生活，才讓我能夠來此接受良好的教育。我覺得這真是個騎虎難下的處境。在這裡，每個人都在談論多元化，以及它所帶來的好處，而我父母親卻只交代了一件事情——只能和種族相近的男士交往。

在此地的這幾年，我經常思考這個難題，最後終於做出一個我認為對的決定。對其他人也許不見得正確，但對我而言肯定是。我決定尊重父母親和他們的要求，因為這是我唯一可以回報他們的方式。即使這個決定會限制我的社交生活，有些朋友也表示反對，但我仍然會遵照他們的期望。

我不知道你們會說我的決定是對或是錯。既然你們一開始就問我，這所大學裡的種族多元化對我有何影響，我確實知道的是，沒有任何事情比這個難題更讓我傷透腦筋。而正是此地的多元化情形，迫使我刺探靈魂的深處，並努力找出什麼東西才適合我。我知道我會反覆地思索這個決定，但到目前為止，尊重我父母親的願望比其他選擇更重要，這讓我的內心感到平靜。

認識自我

在住宿的環境中，有些學生不免會遇到一些令他們心生不愉悅的情況。這在任何一所大學裡，都是很普遍的現象。而且早在大學開始創造多樣化的學生主體前，這個情形就已經存在了。然而，當種族或族群背景不同的學生共住，無可避免地會發生新的微妙情境與個人交流。當某些情況可能讓學生難以適應時，不管來自何種背景的學生都表示，他們因此學到某些事情，而這些事情經常與他們自己有關。

有幾位即將畢業的大四生都提到一個簡單的重要原則，那就是將善意注入所有的人際交往中。舉例來說，有位年輕的白人女性建議，要使不同背景的人們增加善意，方法之一便是鼓勵每位學生反躬自省，特別是當種族或族群的差異引發微妙的議題或導致尷尬的場面時。這些尷尬的片刻很難不發生，但能不能把它轉變成一次教育的機會——一個學習的經驗——則端賴每位學生的決定。

當一位學生願意反省自我，並能展現善意，結果可能會非常有利。爲了說明這點，這位年輕女孩道出一則個人的故事：

你問我對多元化的體驗是什麼，答案是有好也有壞。我想先說一個不太好的經驗。我認為那些不太好的經驗比一些最棒的經驗讓我學會更多，特別是關於我自己。

以下便是事情的發生經過。大二那年的某一天，我在餐廳看見一位朋友，正和其他三位同學共進午餐。那女孩恰巧是個非裔美國人，而同桌的三位夥伴也是。我附近沒有其他認識的人，於是我問她們是否可以加入，朋友很爽快地答應了。然後，這四個人繼續談天説地，根本無視於我的存在。這個情形持續了至少十五分鐘，最後我終於按捺不住地説：「回頭見！」然後起身，拿著餐盤和還沒吃完的食物掉頭就走。

我真的很不是滋味。起先，我認為他們非常無禮；然後，我覺得那個我以為算是朋友的女生，根本就不是我的朋友；接著，我又想這一定跟種族問題有關。我悶了好幾天，最後鼓起勇氣，請她和我坐下來談幾分鐘。我向她陳述事情發生的經過，並且直截了當地問：這是否和種族或其他問題有關？然後我告訴她，我把她當成朋友，但我卻無法了解她的舉動，這真的傷透了我的心。我可不覺得這是什麼令人振奮的事！

是的，這次的交談讓我重新洞察自我，並且體會人們如何在無心的情況下傷害別人。我的話顯然讓朋友感到錯愕，她以為我很清楚那天在餐桌上是什麼狀況。這四位學生每星期二中午都會定期開會，討論她們學會裡的活動和計劃。她向我解釋，當我坐下來加入用餐時，她們一點也不介意，但她們正在設法搞定一項計劃，而且剛好進行到一半。她們不想無禮地告訴我：「走開，我們正在忙。」但她們又不想中斷討論。她們每星期二中午都會聚在一起研究一項計劃，這已經維持好幾週了。

朋友接著問我一個問題，由此反將了我一軍。她問我，假如我在那一次的午餐，加入的是四位白人女孩的行列，而她們正如火如荼地討論文學課或化學課的作業，或是正在籌劃合唱團之類的事宜。這四個女孩在每週二的午餐時間，都為相同的目的聚在一起。你認為自己會馬上被她們接受嗎？假如我的答案是否定的，說穿了，這是不是意味著我打擾了一場正在進行中的討論，如果是的話，同樣的情形發生在四位非裔美國女孩的身上，難道不也一樣明顯嗎？

我的黑人朋友態度溫和地質問：有沒有可能是你把一個完全無關乎種族的情境，蒙上了一層種族主義的色彩呢？有沒有可能是**你**假設這件事帶有某些種族主義成分，即使根本就沒有，卻塑造了你的詮釋呢？

我從未那樣想過，而我越想事情就變得越複雜。這次的交流提醒我嚴格地質疑自己原有的假設。同時我也學到了兩個教訓：其一是，將來有一天，如果我是這四位女孩的其中一人，不管她們的種族為何，我都會向那位新來者——也就是我——解釋我們正在進行連續性的對話。當時在我坐下之前，倘若她們之中有人如此告訴我，這整件事情應該就可避免發生。

第二個教訓是，當我將某一個情況蒙上種族或族群色彩前，最好能夠三思而後行，因為完全相同的情況也有可能發生在四位白人女孩的身上。我認為這是人們必須好好思考的事。我們太容易陷入這樣的陷阱中。

當我詢問大學生有關多元環境如何影響他們時，許多人都提起「認識自我」這個主題。不同種族與族群之間的交流，引發了一些始料未及的自我關照，有時十分難堪，偶爾甚至令人不快。這是嚴肅、深刻而又震撼人的學習，多半關於個人而非學術層面。以下便是一位大四非裔美國學生在畢業的前兩週，描述他在校園裡面臨的多元化情況：

> 他們正準備把拳打腳踢、聲嘶力竭的我攆出這個地方。在此我經歷的一切，恐怕再也無福消受了。你問我，身為一位非裔美國人，住在一個類似哈佛這樣的多元團體裡，為我帶來了什麼樣的衝擊。我很樂意分享我對此事的看法。
>
> 當我首次到達此地，確定耳中聽到的「多元化」這個字眼所帶來的最大衝擊，應該是來自於和許多白人、亞洲與拉丁美洲學生的接觸中。這的確發生了。大致上說來，情況還不錯。即使我可以指出一些小小的瑕疵，但我仍然要畢生感謝這個地方，給了我一個無與倫比的機會。
>
> 儘管這是我預料中的事，也如願發生了，但這畢竟不是最了不起的地方，至少

對我個人而言是如此。我是在華盛頓上大學的，那是一所私立院校，招收少數黑人學生。在大四的課堂上，共有四位黑人學生。我並非生長在富裕的環境，事實剛好相反。然而我大部分的鄰居夥伴，卻和我截然不同。

這是個棘手的問題。我真的很在乎學校，也很喜歡那個地方，所以卯起來用功。但是和我一起長大的鄰居夥伴，大都不愛上學，他們的行為和我完全相反。我不斷力爭上游，可說是個怪胎。在這所還算不錯的學校裡，只有寥寥幾位黑人學生，我有時仍不免覺得自己是個異類。

但在這所大學裡，學生的多樣化出其不意地對我造成莫大的衝擊。從我入學的第一週開始，我便了解到，原來有好幾十位非裔美國學生和我一樣聰明用功，事實上，我還算是比較被動的！來此之前我並不知道，世上竟有數以百計的人，不但外表和我相仿，而且擁有許多共同的價值。特別是在學業的努力不懈上。從小到大我從未見識過，而這裡是我生平第一次見到的地方。

我不知道這是否回答了你問的多元化的影響。但對我而言，這可能就是最大的影響了。光是和數十位與我分享許多相同價值的非裔美國學生接觸，已經是一件讓我終生感激哈佛的事了。它所帶來的是一種非常個人的感受，有助於了解我是何許人也。在我來此之前，從未想過這會和「多元化」有所關聯。

校園領導者可用武之地

What College Leaders Can Do

每一次的訪問，我們都會請學生向院長與其他的校園領導者，提出一些建議來改善學生的校園生活。對此，學生的意見源源不絕。不過，我們總是要他們舉出實際的經驗，來說明爲何他們認爲這項建議有效。有幾位學生在提到這些想法時都主動表示，這些建議或許是他們剛進大學時萬萬想不到的。可見，要向院長提出建言，還得先經過一番歷練才行。

包容政策

爲了能夠彼此學習，來自不同背景與不同種族或族群的學生，一定要互相交流才行。假如學校鼓勵學生依種族或族群的類別各自爲政，團體之間的交流就會窒礙難行。學生描述，在他們所想到的範圍內，哈佛大學有一個大不同於高中時期的特殊之處，即哈佛大學的領導者堅持，校園裡的活動應具有包容性。

學生之所以強調這點，主要基於兩個理由。第一，對許多人來說，這個觀念正好與他們在大學期間日益成熟的思想不謀而合。許多學生表示，尤其是非白人學生，當他們剛踏進這所學校，遍尋不著第三世界研究中心、婦女研究中心或跨文化研究中心，讓他們十分驚慌。有些學生即使到了大四，仍然氣餒不已。有一大群非白人的大四學生表示，擁有這些聚會的場所對他們來說是很重要的。

但也有少部分非白人學生與幾乎所有的白人學生說，他們越來越覺得，生活在一個親切友善的領域，且周遭的面孔都讓人熟悉，對他們來說太容易了。許多大四學生表示，倘若他們將自己局限在第三世界研究中心，將會錯失許多學習的機會。有幾位學生的感覺更是強烈，其中有一位非裔美國籍的大四學生便正義凜然地解釋：

本校學生的多樣化，正是我就讀哈佛大學的一大主因。假如我想和類似的人廝混在一起的話，大可不必如此大費周章。我會乾脆就讀霍華德大學（Howard），而非哈佛大學（Harvard）。

有些學生之所以讚揚包容政策的第二個理由是，他們認爲這樣的政策傳達了一項訊息。這不但塑造出一種基調，而且影響了大一學生的時間安排方式。同時，全校性的包容政策也可鼓勵一些未經計劃的學生活動。有位研究經濟學的大二學生，便把這類未經策劃的活動，稱爲包容政策的「周邊效益」。

有位大二學生向訪談員莎拉・戈德哈伯舉例說明這類周邊效益，這位同學具有猶太血統，長大後卻是個一神論派（Unitarian）的教徒。他在大一那年的三位室友分別是天主教徒、清教徒，以及一位來自韓國的虔誠佛教徒。他告訴戈德哈伯他如何慶祝猶太教的逾越節——

兩年前我舉辦了一場不分種族的逾越節家宴，邀請我的室友和其他朋友一道參加。在我成長的過程中，逾越節是少數幾個親身參與的宗教慶典之一。我手上有一本由我表哥編輯的猶太法典（儀式專用手冊）。我準備了一塊「符合逾越節的」披薩當作晚餐，放在逾越節專用的餐盤上，另外還放了幾件象徵性的物品。我向大家解釋這些物品的意義。當人們問起圓頂小帽時，我讓他們自行選擇要戴或是不戴。

這件事反映了另外一個問題：對某個人來說，一場陌生的儀式具有什麼樣的意義？而這樣的進行方式，對於那些真正如法舉行的人來說，是否會折損了儀式的原有意義？另一方面，參加儀式能夠增廣見聞、促進了解，是一件非常重要的事。於是，我意識到了「分享」與「保密」這兩個議題。

然而，我們卻沒有真正的階級分別或是領導人物。我們只是圍坐在餐桌前，輪流朗讀經文而已。大夥對於逾越節家宴的整個過程都十分興奮，特別是生趣盎然的吟唱部分。

這位學生提到了包容的重要性，以及它如何塑造出個人的基調，和面對校園生活時的態度。那種基調是可以讓不同背景的學生從彼此身上自然而然學習的。這位年輕人明顯主張，這樣的基調助長了人們對於差異的尊重，而非激盪出憤恨的火花。他向戈德哈伯如此結語道：

我在大學生負責的路德流浪漢收容所工作。我們以路德教會的地下室為辦公室，但收容所位在教堂外。身為一名監督者，我經常要熬夜工作。這牽涉到許多敏感的議題，包括宗教在內。儘管我有一群赤忱奉獻的志願軍，但人手仍嫌不足，有時會不敷所求。每當節日來臨時，便很難找到代班的人。所以，緊張關係的來源，只是因為不容易找到替代人選而已，每個人對於他人的宗教需求都是很敏感的。

當學生與我們分享這類例子時，經常語帶警告地表示，他們知道這需要院長與學生領導者某種程度的勇氣，以堅持採用包容性的政策，尤其是不同種族的團體領導者。有幾位大學生表示，他們曾和他校的朋友討論過，得知每間學校的政策竟是如此南轅北轍。他們指出，校園政策的差異有實質影響力，每所校園的學術和個人成長，則取決於校園領導者對於包容政策的執行程度，與學生方面較非正式的採納狀況而定。

包容政策的影響力絕非任何陳腔濫調所能涵蓋，它往往會演變成令人刮目相看的具體事例。我從希勒爾派的學生那兒知道，有一大部分參加希勒爾派戲劇學會的活耀份子，都不是猶太人。我又從昆巴樂團（The Kuumba Singers）的某位非裔美籍領導人那兒得知，所有的學生都是歡迎加入的。因此，當非裔美國人的歡愉與慶賀之情，從表演當中散發出來時，校園裡的所有學生都覺得這是一場「全校性的活動」，而非只是一場「黑人學生的活動」而已。以下便是昆巴樂團某位領導人的說法：

> 這豈不是很好笑嗎？我們增加了工作的力量和效果，而方法只是將它開放給大家參與罷了。顯然，大部分的歌手都將是黑人莫屬。這並不是什麼奇怪的事。但最令我驚訝的，卻是看到這麼多白人躍躍欲試。我們並未錄取每一位面試者，但我們的確採用了一票人。主要的標準在於，我們需要那些精神奕奕且有一副好歌喉的人才。我想我們之所以擄獲如此龐大的聽眾，是因為團裡網羅了一些白人和亞洲人。在表演開始之前，當我看見某些首次目睹我們登台的黑人家長張口結舌的模樣，包括我的父母親在內，以及三分之一團員都是白人時，

就讓我感到非常過癮。當然我們的觀眾群裡至少也有三分之一的白人。這真的讓我覺得很痛快，意想不到的痛快！我不知道我們是在教育或只是娛樂大眾而已，不管是哪一種，它都是身在此地最棒的事。

沒有人建議包容性的政策應該愚蠢地推至極端。也許各個種族團體會支持許多開放性與包容性的活動，卻沒有一個學生會建議亞裔美國學生協會的會長，應該由拉丁美洲人擔任，反之亦然。我不認爲所有的讀者都能充分理解學生支持包容政策的主要觀點爲何。眞正困難的問題在於，校園裡的領導者——無論是學生或行政官員——是否有勇氣執行這樣的政策。

建立校園文化

每座校園確實有其獨樹一幟的文化風貌。我曾經請教過一位聲譽卓著的人類學者，是否能夠解釋爲什麼某些學校裡的老師，似乎較能深入了解其教學成果，而其他學校的老師，則顯然關注較少呢？他的反應是：「答案就在空氣中。」當我進一步追問，他說：「我認爲這是一個綜合歷史、教師價值觀、領導才能與學生期望的問題。」

當問到不同背景的學生在什麼樣的情況下，能夠自然而然最有效學習時，學生提供的答案都是類似的。許多學生覺得，多元風貌在哈佛大學裡發揮得頗爲理想。而他們將這個好結果歸諸於什麼因素呢？有一大部分的人歸功於校園文化的締造者（這是我的而非學生的用語）。他們形容這些校風締造者努力不懈於鼓勵所有的學生，充分運用校園裡的多元特色。這絕不會發生在實施種族隔離政策的俱樂部裡；也不會發生在黑白兩立的藝術活動、歌唱團體或戲劇製作上，唯有在學生與校園領導者積極把握住多元環境提供的機會中才會發生。

當學生在訪談中提到校園文化的締造者時，他們並非單指院長、宿舍管理者，或是學生團體的領導者。他們描繪出許多無名小卒立大功的情形，幾乎涵蓋**每一位學生**，從傳統的觀點來看，他們相信每個人都能藉由樹立某種典範而造成改變。

訪談員羅伯特‧恩（Robert Eng）在與一位亞裔美國女孩的訪談中找到實例，她是一位專攻生化學的大二學生。她告訴恩，高中時曾擔任領導者的角色。但故事的重點是，一個學生領導人可透過努力造成改變。

恩告訴我們，這位女孩來自喬治亞州鄉下一個種族分離的城鎮，她家是當地唯一既非黑人也非白人的家庭。他轉述這位女孩的話：

我的家鄉充斥著一種白人優越的論調。我體會到許多種族偏見，但也感覺到他們不知該拿我如何是好，因為我對他們來說既新奇又陌生。不過，我倒是和每個人都相處融洽，和他們之間也沒有社交上的問題。但我認為仍然存有不少的緊張關係。

在這樣的氣氛下，公立高中來了兩位返校皇后，一位是黑人，一位則是白人。這位年輕女孩採取了行動：

由於我是班長，所以高四那年我設法說服教育當局，請勿分別舉辦黑人皇后與白人皇后的返校活動，因為這對學生來說並非一件好事。幾過一番努力之後，我終於排除了這項做法，於是現在只有一位皇后人選。你瞧這不是挺有趣的嗎？我甚至還不滿法定年齡呢！我的意思是，你不能因為人們對你不友善，便以不客氣的態度以牙還牙。

學生對於校園文化的締造者有一個具體建議，顯然在許多校園裡都可奏效。那就是，院長和其他的大人們應該向所有的新生傳達這個訊息：在大學這幾年裡，是他們一生中千載難逢的機會，得以見識一群新面孔，這些人帶來的新觀念，或許會挑戰他們原有的想法。而他們也應該鼓勵學生，將這寶貴的幾年視爲可以和不同的人相遇、共事與了解的機會。有些學生舉出一個將這項訊息傳達給他們的特殊事件。

在我進入哈佛大學之前的暑假，大一新生都收到一本小册子。這本小册子收錄了幾篇文章；近年來還包括一篇校長的大作，其中寫著禮貌如何使共同的生活經驗轉變成學習的良機；有一篇小亨利・路易斯・蓋茲先生的文章，是關於進入大學後的狀況，以及校園裡不同團體之間的衝突壓力；另一篇則是亨利・大衛・梭羅（Henry David Thoreau）針對自力更生與保有自我的主題所寫的文章；還有一篇是安妮・法迪嫚（Anne Fadiman）的論文，著眼於如何對不同的觀點敞開心胸，特別是在詮釋文學作品的時候；此外還有幾位不同種族的學生，提到他們在大學裡尋求共識的經驗。這些論文的相同主題是，尋求共識經常是個相當棘手的問題，且需要持續不斷的努力才行，絕不會憑空而降。

學生不但被要求閱讀這些文章，在第一學期開始以前，有些自告奮勇的老師會和大約二十位不同背景的學生碰面，共同討論這些文章。其目的是爲了邀請學生一起思考，如何與每天四處可見的不同學生相處。這項計劃實施了數年之久，有超過兩百位以上的老師，曾經在第一個星期的早上自願和新生們聚會。

這是個簡單的計劃，任何一所校園都可實行。許多學生提到，這是校園文化的締造者如何塑造一種基調，並讓學生思考如何尋求共識的例子之一。在校園領導者衍生的不同方式下，使全體學生和校園裡的其他成員建立了一種共同的基調。學生們覺得，這特別能夠幫助他們與其他的學生，在對外接觸時感覺到一股愉悅之情，而它就瀰漫在「空氣之中」。

學生團體的領導者

當要求學生建議校方如何以最正面而有效率的方式，促進學生團體之間的學習時，毫不意外的是，大部分的學生都立刻將砲口對準他人身上。他們向教職員提出建議；向院長提出建議；也向宿舍管理者、教授與其他行政人員提出建議。這些建議大半是十分細膩的，我在這本書中皆有說明。

學生本身可以怎麼做，以促使他們從不同背景的學生那兒學習？而他們對於其他的同學，特別是學生領袖，又有什麼樣的建議呢？這兩個問題總是不斷地浮現。第一個問題強調的是：不同族群團體及領導者的重要角色，有辦法讓校園的多元風貌轉變成一股積極正面的力量。第二個問題所關注的，則是每位學生在面對校園生活時的態度。

學生列舉了幾種族群、種族和宗教團體能夠有助於校園生活的方法。在我訪問的一百二十名學生當中，有九十二位認爲這些組織早已在哈佛校園裡扮演重要且正面的角色。每個人都了解這些學生組織的主要目標與存在的首要原因，便是提供不同背景、宗教、種族或族群的學生，一個可以聚會、交流並與背景相似的人分享友誼的場所。這種組織的運作方式，在最佳的情況下，幾乎可博得所有參加者的滿堂喝采。尤其驚人的是，那些不算積極參與的學生，給予的評價更是居高不下，因爲他們認爲這些組織使校園裡的所有成員都覺得受到歡迎。這眞是個美好的發現。

另一組學生對於這些組織如何更有成效的建議，則是圍繞在活動的贊助上。有些活動是學術性的，例如邀請演講者蒞臨本校；有些則較複雜，例如舉辦系列演講；還有一些屬於社交性質。許多學生表示，學生組織的領導者必須牢記在心的是，當他們在創造、贊助或安排文化活動時，便有機會對整個校園做出重大貢獻，對象並不只局限於組織成員。這類活動使每一個團體都有機會宣揚他們自己的文化、背景、特殊興趣以及風俗等；另一方面又能和更爲龐大的全校團體共同分享。

學生特別推薦這種由學生團體贊助的活動，這種共同舉辦的活動在近年來相當普遍。學生懷疑還有什麼更好的方法，可以讓不同背景、種族或宗教的同學們齊心協力地追求共同目標呢？即使受邀的演講者或發表的講題具有爭議性，學生們說和其他團體成員攜手策劃或執行這類活動，仍是他們體驗過最正面也最享受的學習型態之一。

有位受訪者告訴我們，一群對雙語教育的價值與成效感興趣的學生，準備籌劃一場晚會。他們邀請四位演講者，其中兩位反對雙語教學的教授，一位在加州發起「兒童英語教學」投票的創始人，還有一位反對前者的加州州議員。接著，這些學生召集一些組織，共同贊助這項活動，其中包括三個拉丁美洲團體、一個亞裔美國人團體、哈佛暨雷德克里夫（Harvard-Radcliff）黑人學生聯盟、共和黨俱樂部、「民主黨地方委員會」等。有位法學院的教授則受邀擔任會議主席。這位受訪者形容，當天晚會對他造成了巨大的影響：

> 許多人都對雙語教學深表關切，而我是此地少數幾個強烈反對的拉丁美洲人。大約六歲時，我們家從墨西哥舉遷來此，我確信，假如我從小被禁錮在這些雙語教學計劃裡，鐵定上不了哈佛大學。奈何孤掌難鳴，況且我的意見不是基於廣泛而深入的研究。我在本校專攻生化學。所以能參加這個活動，讓我感到很興奮。我認為這場晚會最重要的部分是，藉由邀請這四位演講者，我們避免了

許多反對的聲浪。我們也能把校園裡不同的團體集合起來，共同贊助這個意義非凡的活動。

我在校園裡隸屬的團體稱為「哈佛暨雷德克里夫大學拉丁美洲同盟會」。我們這群人非但沒有隱身在角落裡孤芳自賞，相反地，我們讓琳琅滿目的校園組織都軋上一腳——包括民主黨員、共和黨員、白人、黑人、亞洲人，以及許多像我這樣的傢伙。在這個過程中，我們看到這些團體熱情的參與和投入。我目睹每位贊助成員針對十二年國教的雙語教學價值侃侃而談，想必我不是現場唯一受到感動的觀眾。我認為大部分的局外人，都以為拉丁美洲人會贊成這項計劃，至少在我的故鄉——加州——是如此。儘管我知道這並非事實，但非要到那天晚上才確認了我的想法，而且更重要的是，它讓許多非拉丁美洲學生了解了這項議題。這真的是一次大大的成功。

態度的慎選

任何一所學校裡的整體氣氛，都能發展爲該校學生的一種集體態度。許多學生談到，校園領導者具有塑造這些態度的影響力，特別是學生領袖。有位大二的亞裔美國女孩，回想起初進校園時徘徊在三個亞裔美國學生團體的抉擇中——

這三個團體的其中之一，我不說是哪一個，舉辦了一場說明會，兩位領導人在會中似乎只是滿腹牢騷而已。他們抱怨亞裔美國學生在申請入學時受到差別待遇，這點讓我十分錯愕，因為相對於亞洲人在美國的人數，我們的錄取名額已比其他人種多出五倍了。接著他們埋怨沒有一個屬於自己且外觀更加宏偉的聚會場所。在那場說明會還未結束前，我已先離席。事實上，我不知道結束的確切時間是幾點，因為我和我的兩位朋友就這樣溜之大吉。那真的很糟糕。事實上還讓人很難為情。

這位年輕女孩說她在剛踏進校門時，是滿懷著善意的。不但對學校抱持善意，對於其他的學生、教職員，以及每一個人都如此。她對所有的新生建議：要有自己的判斷力。假設你認定其他的學生都是善良的，你將得到以倍數計的回報。

許多學生不約而同地指出，個人的善念和校園裡不同種族、族群與宗教團體的角色之間，潛藏著某種衝突。每個人對於這個潛在衝突各有不同的看法。舉例來說，有位大一女生便告訴訪談員陳淑玲：「當人們想分裂成不同的集團，而不去思考如何奉獻個人的心力時，我會感到惶恐不安。」另一位學生則向陳淑玲透露她對團體成員的憂慮：

「我希望人們質疑我說的每一件事。我希望人們對我說『不』，因爲他們有不同的想法……我不希望到一個人人都像應聲蟲的地方。」

大學生表示，儘管他們全心投入校園裡的某一個種族團體，但仍然絞盡腦汁於如何保持個體的自主性。這類團體之所以存在，主要是爲了服務背景與興趣相近的人，因此個人可能有被「集體思維」吞沒的風險。所幸，許多學生都已意識到這個潛在的問題，於是主動、奮力且刻意地確保多元化的概念，在每一個學生團體裡流通。

最重要的是，他們要求其他的學生，絕不可將上大學視爲一件理所當然的事。他們指出，這幾年來大學提供了一個非常難得的機會，使人們可以充分認識在校園環境以外結交不到的朋友。我們從一位來自洛杉磯的韓裔美國學生那兒，聽到一則動人的故事，她描述與一位非裔美國籍室友的共住經驗十分愉快，室友也來自洛杉磯，但根據這兩位學生的說法，那是一個種族聯繫並不密切的都市。我們也聽說一位來自紐約的非裔美國學生，選擇和一位同樣來自紐約的正統猶太人同住，基於相同的理由，這個故事也一樣扣人心弦。

這其中的關鍵在於：學生有權決定將什麼樣的態度、什麼樣的觀點帶進校園裡。而學生領袖則站在一個理想的位置上，足以提醒其他同學，尤其是大一新生，應該好好把握住這畢生難得的機會。從我和這些慷慨賞光的學生對談當中，使我樂觀地相信，「尋找共識」這個理想活躍於學生之間。我希望在本校大力宣揚，也希望他校的學生發現這個原則的適用性。

關鍵性的前幾週

光是在課程開始前的第一週裡，就有好幾件這類小事發生。我們才剛要認識彼此，亟欲了解這個地方，並想要結交朋友。次日傍晚，我們和一年級的舍監進行一場對談。她也提出「結交不同朋友」之類的觀點。甚至在抵達此地之前的暑假，我們所接到的宣傳冊子也已經為我們排定了戲碼。總括而言，第一週所發生的許多小事，確實為我們設好了一種基調。而我打賭，這種基調一旦在起步時設下，日後就很難改變了。

當我請學生建議如何使多元環境發揮功效時，答案很快地出現共同模式。不論每位學生建議的細節是什麼，這些事情全集中在大一剛開學的時段。對此，我的同事大衛・皮爾摩（David Pillemer）和歇爾頓・懷特（Sheldon White）一點也不感到意外，這兩人對於大學生和畢業校友描述與追憶大學生涯的重大經驗，已做過廣泛的研究。他們發現的模式與我完全一致：藏駐在心的關鍵時刻和重大事件，絕大多數集中在剛進入大學的前幾週。我們的訪問肯定這項發現，對政策上具有深遠的意涵。對校方領導者來說，每學年的前幾週，將是一個能夠和新生分享觀念與想法的絕佳時機。

有位亞裔美國籍大四學生回想起新生訓練那週，有件事對他造成震撼。那是第二天的下午，幾位院長分別向所有的大一新生和家長致上歡迎之意。讓這位大四學生記憶猶新的是，其中有位院長提到，探索並認識來自不同背景、種族、族群、家鄉，和基本興趣的大一新生，將會有許多好處。

這名學生表示，那位院長的發言讓他印象非常深刻。他把百分之九十的思緒全都放在課業計劃上，另一方面他忙著搬到新的宿舍安頓身心。這位院長的話儘管振奮人心，卻稍嫌不夠犀利。接著那位院長又提出一個具體的建議，雖然只有寥寥數語：「在私底下，你們每個人或許都想學會了解他人。在了解他人之前，我總覺得先試圖了解他人的想法會有所幫助。甚至更好的狀況是，盡可能在了解他們的想法以前，先嘗試了解他們對自己的想法。我請你們把握這個機會，好好想一想。」

這位學生所說的故事，代表一個關鍵的時刻，使他決定了日後將以什麼方式體驗大學生活。這個故事爲他設定了一種基調，而這基調顯得格外強烈，因爲當時他正和所有的大一新生共聚一堂。他知道所有的新同學以及他的父母，都聽到同樣的話。他想起當天午後回到宿舍，和其他三位室友一同談論那位院長的「眞正用意」。

這位學生強調，如今身爲大四學生，他終於了解校園領導者的話爲何關係重大。

我之所以牢記這些觀念，是因為在我們這群緊張兮兮的菜鳥全都巴望著一切順利、巴望著結交新朋友的開始，就灌輸給我們的觀念。然後，我們這群人又在第一週的晚餐時刻，確實討論那位院長的發言。那是我們共同擁有的經驗——大夥全聽到同樣的歡迎詞。我特別記得一段話：「界線是可以穿透的，它值得我們努力去跨越。」我知道這是個極簡單的想法，但對於那些鮮少跨越界線的高中生來說，這似乎是很重要的一點。它的重點在於設定一種基調，使我的觸角能夠延伸至不同人的身上。我認為在我們一踏入校門的那一刻，便立刻命中我們的要害，這是個重要而且不錯的想法。

這個主題引起許多學生的迴響。剛開學的那幾天或幾週內所發生的事件或記憶，對於學生本身的行爲均發揮著無與倫比的作用。在與昔日好友、鄰居有別的人們生活與互動之下，學生獲得學習，同時，校園領導者在初期建立的基調，也能鼓舞學生融入這樣的學習。對許多學生而言，最初的幾天或幾週顯然關係重大，這在任何一所校園皆然。

這些日子啓動了某種精神，多年後，學生將這種精神形容爲「某種氛圍」。

晚餐前的課程調整

同事和我談到許多關於本校住宿學生的生活。我們都相信，大學生活包括正式與非正式學習這兩方面。在任何一所住宿學校裡，學生顯然必須耗費一定的時間在宿舍裡。我們是否有什麼方法，可以幫助學生妥善運用這些時間呢？換言之，有沒有什麼方法可以使這些時間變得更加豐富呢？

訪談員安妮．克拉克和我聯手探討這個問題。她的重大發現再次證明了直接從學生身上蒐集想法和反應的價值。學生向我們透露，的確有一些方法可以豐富每日的住宿生活，而他們的建議與教職員原本的想法大異其趣。

我們知道在任何一所住宿校園裡，不論規模大小，假如一位全職學生每週正式上課十二小時，另外花三到十個小時在實驗課或語言課裡，這樣一來，每週置身在正式學術環境中的時數仍然不到二十個小時。那其他的一百四十八個小時呢？於是我們請學生建議，如何善用這些剩餘的時間，有些學生選擇窩在宿舍裡吃喝玩樂、打工、交際應酬、反省，或純粹做功課。

相當多的學生反應，大學原本就是一個十分緊張的環境。他們不斷提醒我們，他們早已肩負許多學術重擔。他們的觀點是，如果在宿舍的每天晚上，只是一味地增加更多的討論、座談與正式的學術發表會，大半的學生都不會覺得有什麼好額手稱慶的。這只會讓人不勝負荷而已。

但有約莫半數的學生卻做出相反的建議。假如學校希望爲宿舍生活增添學術的比重，他們主張，何不重新安排晚餐前的某些課程呢？許多人提出更具體的建議。有數十位學生問到是否有可能將大班級的課程，調整爲小組聚會？如此一來，有些小組便能在宿舍裡碰面，至於學生則是按照宿舍分配組別。既然幾乎所有的大學都設有一些大型課程，而且學生會被分配成幾個小組，這項建議似乎可以廣泛地實行。

這項建議大致上是很合理的。讓我們試舉一些頗受歡迎的大型課程爲例，比方說「司法學」、「莎士比亞早期作品」或是「米開朗基羅」這幾堂課，每班約有兩百名學生。學生們表示，請不要爲了方便每週的小組討論，隨機地將全班同學分成十五到二十人一組，他們反過來建議，何不按照宿舍配置來設定組別呢？而小組的聚會最好是在傍晚。這樣一來，有一組同學會在下午四點到五點半之間，在X棟宿舍碰面，而這二十位參與者都住在該棟宿舍。另一組人馬則從下午四點到五點半，聚集在Y棟宿舍，而這十八位成員也都來自該棟宿舍。

此處的重點是什麼呢？那便是善用晚餐時間。既然在我們這樣的校園裡，每位住宿學生都得在宿舍內用餐，整批小組成員便能在聚會過後，直接前往餐廳用餐，或者再分成兩到三群也行。於是，**課堂上的討論便能延伸到晚餐上**。老師也許有空加入，也許不行。但這對大部分的同學來說並不重要。重要的是，晚餐是每位住宿成員都會固定參加的活動。這項課程安排的建議，是奠基於同學在課堂上的共同經驗，它提供了一個簡單、直接的方式，爲至少某一方面的宿舍生活——在這個例子裡，是學生每週出席的晚餐——倡導了一種更爲重要的基調。

倘若學生的用餐地點集中在一間餐廳，而非宿舍裡，上述方法在這樣的校園裡也依然適用。重新安排課程，使學生能在用餐時間分成幾個小組，如此便可鼓勵學生一同前往用餐，並持續他們的討論。除此之外，這個想法也適用於專題研討課或其他課程，而非僅限於大班級的講課。

讓我感動的是，學生的回應經常給予老師或行政人員一些如何達到目標的不同想法。在思考如何增進宿舍生活的問題上，同事和我都在心裡偷偷勾勒了幾筆——要在宿舍裡增加大規模的學術活動，結果卻是這個學生提出來的簡單構想贏得了勝利。他們指出，無論如何他們都得吃晚餐，而假如課程做一些小小的更動，就可讓他們自然而然地在前往餐廳的路途中延續課堂上的小組對話。

在學生建議這項直接而又合理的調整之後，我們爲那些確實在餐廳裡進行小組聚會的學生，設計了一項小型的調查。大部分的人（百分之八十二）表示喜歡這個時間計劃，他們樂見小組的討論可以延長到晚餐上。我還要補充，他們也很高興參加這種課後小組聚餐是自由選擇的。大部分的學生都不會每週固定參加——較典型的情況是一半人出席。而重點是：學生的確改變了他們的行爲模式，且朝著我們所期待的方向改變。此外，一如學生的許多建議，這項改變也是由他們的主意衍生而來的。無論是資深或是甫報到的行政人員，都該好好地想想這些建議。這些建議都是學生們經驗與智慧的結晶，我們只是負責記錄而已。

介入學生生活

在本書的開頭，我引述一位大學教授的話，他表示，學校的政策是網羅一群天資聰穎的學生，然後「避免擋住他們的去路」。從本書中數十則故事和實例看來，校園領導者顯然應該確實執行這個計劃的第一部分，亦即網羅一群天資聰慧的學生，接下來的步驟卻要反其道而行。他們應該以周延、有憑有據並具有目的性的方法，努力**介入**學生的生活。事實上，校園領導者可做出的最大貢獻，便是塑造某種型態的校園文化。

在我們的訪談中，學生們接連不斷地分享一些故事，整體而言，它們說明了一個共通的主題，對此我要特別強調。這個主題就是校園生活的不同層面交流與繁複互動的情形。這些課外活動也許可以提升課堂上的學習，有時效果甚至十分驚人。至於課程選擇上的好壞建議，則可以造就一位快樂抑或沮喪的青年學者。學生表示，最刻骨銘心的記憶往往來自課外的事件或體驗，通常發生在同學之間的互動過程中。這些經驗深深受到住宿生活的影響，住宿生活則進一步受到決定攸關住宿人選的校園政策影響。

許多學生的故事中顯現的重點是：大學生活是個複雜的體系，各個部分環環相扣。決定要上哪些課程、知道如何認識教授、將課外活動與正課學習加以整合，尤其是在人口風貌瞬息萬變的校園裡選擇和誰同住——這些都是每位學生必須面臨的選擇。因此校園領導者的關鍵角色之一，即在於「介入」每位學生的生活，以幫助這些小大人們永遠抱持更上層樓的精神，並反覆評估他／她的決定。經過十年的調查，我們已經找到了許多具體的建議，可以提供給學生參考。在許多事情上，學生不但可以而且也應該自立自強。不過像校園領袖這類的大人們，應該義不容辭地幫忙到底。

最後我想以最鍾愛的一則故事來結束。這個故事是如此意蘊豐富，使我不知該爲它的政治屬性貼上左派或右派的標籤——或許這便是爲什麼我覺得它特別動人的原因。我請教一位即將畢業的大四學生，能否甭提一些校園人口變化多端之類的陳腔濫調，舉出一個具體的例子，以說明他親身體驗的現代校園生活。此外，我也要求他能否從自身的經驗出發，對未來的學子提出一些建言。以下便是他的答覆：

你問我，本校的多元特色對我的學習有沒有任何影響？從某方面來說，它可說是影響我在此地經驗的最大因素。身為卡伯特學院（Cabot House）大四生的我，生活得非常愉快。回顧過去，許多愉快的經驗都是因為大二那年的個別輔導課開始的。在卡伯特學院，我們有七位學生從事社會研究。系上在大二時開了一門個別輔導課，於是我們這七個人每週都得在系所碰面。指導教授是一位年輕有為的經濟學者，他以意想不到的方式扮演重要的角色。

首先讓我介紹一下這七個人：兩位白人男生、兩位白人女生、一位印度男生、一位黑人女生，還有一位華裔美國籍男生。因為我們才剛進入系上，所以並不了解彼此。我猜每個人在看到閱讀書單時，一定都感到無力負荷。我們有關於韋伯、涂爾幹、柏克、亞當・史密斯、馬克思、米勒、弗洛依德和其他政治學者許許多多的閱讀教材，這讓我們有點驚慌失措。

而這正是團體的多元化開始發揮作用的地方。有位黑人女生說她不得不留意到，在這份書單上並沒有一位與她背景相似的夠份量學者。另一名黑人女生也表示贊同。這位老師支支吾吾地解釋不出個所以然來，但在我的眼裡，那的確是一份好書單。接著，另一位白人女生也發表類似的看法，但實際上，這份書單囊括了好幾位已故的白人男性，他們的確是「偉大」的政治學者，我們無須為此爭辯。然而她所建議的，是採用一個接近現代的政治議題，當小組針對每一位學者的作品進行討論後，再讓我們試著將這位學者的觀點，套用於這個當前的議題上。

那位華裔男生提議，我們可以採用「反歧視運動」這個當前火熱的議題。有那麼片刻，全班鴉雀無聲。我們環顧四周，看看每個人的反應。最後老師說話了。他說這個主意聽起來很棒，只要我們別忽略了指定閱讀。他向我們一再強調，這裡頭有些文章是很難讀通的。因為這是第一節課，加上那天沒有家庭作業，我們花了幾分鐘一起分享對反歧視運動的觀感。沒有人感到害臊，大夥議論紛紛。簡單說來，有兩位白人贊成反歧視運動，另外兩位白人則表示反對，包括我在內。那位印度學生持反對立場，而黑人女孩則表示贊成，至於那位華裔男生也是反對的。當然，這些意見各有分歧。有許多差異顯然是本班的種族多樣化，以及彼此不同的成長背景所造成的。

是的，那整年的個別輔導課使我在哈佛大學裡受的教育收穫良多。首先，我們非常尊重彼此的觀點，因為我們知道這些觀點，是從我們南轅北轍的背景衍生而來的。畢竟，身為白人男生的我，在向一位冰雪聰明的黑人女生提出勸告時，必須以非常有技巧的方式才能夠向她表達：支持反歧視運動從長期的角度來看，其實是一種自我傷害。這類事情有些是非常私密的。其次，我們幾乎每週的討論都十分熱烈，因為我們沒有人真正知道弗洛依德、涂爾幹、韋伯對反歧視運動的看法是什麼。況且老師真的很努力要求我們將論點和每週的閱讀串連起來，好讓討論不至於淪為情緒化而虛度光陰。如果要問有什麼區別的話，我們的討論可是有助於釐清這些文章的喔！

你原本的問題是關於多元環境的教育成果。是啊，成果實在太豐碩了，而且歷久彌新。每個人都把這些指定的書仔仔細細地讀過。部分的原因是，其中有些文章並不容易理解。另有部分的原因，則是我們必須討論這些文章和反歧視運動這個當代議題的關聯性。你以為這是一件容易的事？才怪呢！有時候人們會把個人的背景帶入討論中呢。

有一次，那位華裔男生把矛頭指向支持反歧視運動的黑人女生，說道：「我六歲時來到美國，父母親兩袖清風，是一文不名的難胞。而你卻生長在紐約的Scarsdale。你在讀了米勒和柏克的文章後，怎麼還能夠支持反歧視運動呢？假如反歧視運動存在的話，你為什麼還要成為鼓吹者呢？它要到何年何月才會停止？你的父母親已經夠富有了，而且受過高等教育。你上的可是一流高中，現在又榮登哈佛大門。等你畢了業後，難道你還想成為優先受雇名單中的第一名嗎？你的反歧視運動要到何時才會結束呢？」

我特別記得那天，因為讓我飽受震撼。那是我第一次看到我們的對話，如何讓在座的每一個人改變心意。那天也考驗了我們對彼此的分寸，以及我們以尊重的態度表示反對的能力。我們都以高分通過了這項測驗。沒有人因這些對話而傷了和氣；反而把它當成一次難能可貴的機會，使我們得以討論一個時而尷尬的話題，甚至可以利用這個話題為開頭，幫助我們理解這幾位已故白人學者的傑出作品，而他們恰巧是我仰慕的對象。

如今我已升上大四，可以說那年是我在這裡最棒的體驗。我們七位當中，有五位在往後的三年裡仍然維持親密的友誼。目前我們仍然留在卡伯特學院，而這群夥伴和其他朋友的不同點在於，我們的友誼是建立在大量的觀念溝通上。沒有人會躊躇於引發一場討論或質疑弗洛依德等人的論點。畢竟，那一整年的每一週，我們在宿舍大樓的某個房間裡一直這樣做。當然，我們對彼此了解更多了，也從對方身上學到許多。

將每個人從不同的成長環境中所帶來的不同背景，和某些繁重得令人讀到腰痠背痛的讀物整合在一起，對我來說是個全新的體驗。比方說，它讓我重新思索精英制度的真正意涵。之前我從未如此縝密地思考過，現在我卻做到了。我確實因為這些討論而改變了原先對精英制度如何運作的看法。我也目睹其他的學生逐漸改變心意或調整觀點。眼看著這些改變，真是令人讚嘆。這不正是大學教育的用意所在嗎？現在，讓我回答你提的多元教育的成果問題，試想一下有七個和我類似的白人傢伙，圍坐著同一張桌子，你覺得我們能達成同樣的事嗎？

附錄：評估計劃

The Assessment Project

一九八六年，哈佛大學校長德瑞克・波克（Derek Bok）先生請我召集一群同仁，著手一項長期的調查與評估計劃，衡量哈佛大學的教學成效，並設想改進之道。我們想了解的是目前的教學品質是否夠好，還有什麼方法可以改善？目前我們對學生的意見提供多少幫助，還有沒有什麼可以使力的地方？哈佛學子的寫作能力夠好嗎？要如何獲知呢？我們能否給予幫助呢？我們對學生的要求夠嗎？教職員是否有助於學生的學習更有效率？我們要如何更臻完美呢？

自從這些研討會在哈佛大學展開之後，許多工作無可避免地在哈佛大學裡進行。儘管我們採用的是「哈佛大學評估座談」這個名稱，不過有許多學校的教職同仁，從一開始便參與其中。起先，我們一共有六十五位來自二十五所大專院校的小組成員。

我們小組立刻決定以一種特殊的方式檢討這些評估。對某些人來說，「評估」這個字眼或許帶有特地詢問「學生知道多少」的意涵——但這卻不是我們想強調的重點。即使這是個有趣的問題，但我們的目標卻不在此。從以前到現在，我們的目標都是在探索教學、課程編排與意見諮詢上的創新。我們致力於了解每一項創新方法的效果。我們檢討的重點是，在什麼樣的情況下，學生的學習成果最爲顯著，無論是課業上或是課外活動？我們認爲，緩慢但卻持久的改進指導與諮詢方法，將使大學教育更具成效。

我們也很快地達成一致的結論，那就是調查**一定要運用一流的科學方法**。若缺少良好的科學方法，我們將一事無成。我們所訪問的學生全都期待關懷且有活力。他們貢獻出寶貴的時間，假如平白無故地浪費掉了，將罪無可赦。我們絕不原諒這樣的處理原則。

此外，我們也同意每一項計劃的資料**蒐集形式，都必須有助於教育政策的決定**。每當提出一項計劃，我會問同樣的問題：「這個計劃如何幫助教授、指導老師、全體職員與學生，把份內工作做得更好？」

爲了說明這項策略的重要性，請思考一下這兩個有關學生寫作的調查。第一個調查也許是集中在這個問題上：「本校學生的寫作能力如何？」這是個很好的問題。但是這個問題的答案要如何幫助老師或學生，把未來的工作做得更好呢？單獨看來，這樣的計劃將會產生一些訊息，也會刺激一些討論。但是，就算我們知道「本校學生平均的寫作能力相當不錯」，那要如何導致政策的改進呢？而這樣的發現，又能爲校園帶來什麼樣的變化呢？

相反的做法便是設計出報告政策變革的研究。在任何一所大學，有些大一新鮮人的寫作能力本來就強過其他學生，老師們必須解決這樣的落差。而強調政策面的評估計劃，便是希望提出一些對老師和學生雙方都有益的建議，比方說，多多注意寫作能力較差的學生；在大一寫作課上進行全年的追蹤。有些學生第一篇論文拿到C的成績，到了學年結束時，卻可拿到A。不過有些學生一開始的成績是C，最後的成績仍然是C。任何一所學校的老師也許會問：「為何有些學生的作文在第一年裡便能突飛猛進，而有些學生則是一籌莫展呢？是怎樣的教學因素以及課外寫作法，造成某些學生蒸蒸日上，而有些學生則不然呢？」請注意這個以政策為導向的問題型態，將原本對於調查的重視，轉變為可以引發行動的發現。我們一直專注在每一項計劃的具體施行狀況。我們都想避免這些強化大學機能的研究結果，只是呈現給其他研究員過目而已，而對於實際的教學、課程安排與校園生活等沒有任何作用。

我們的工作網羅了教職員和學生兩個層面，衆人合作無間。回想起來，這或許是締造成功計劃中最決定性的要素。教職員的主要工作是探索課程和教學上的創新，並且加以嘗試。許多參與計劃的同學，則提供兩大關鍵主力：其一是，他們幫忙準備訪談工具，經過審慎的訓練之後，他們也做一些訪談工作；其二是，在教職員的監督之下，他們負責許多基本的資料整合與分析。

一九九一年，接替波克成為哈佛大學校長的奈爾・魯登斯坦（Neil Rudenstine），曾經監督我們工作方式與重點計劃的改變。主要的變革在於，六十五位小組成員在歷經好幾年的每月會面之後，迸發出許多不錯的想法，我們決定全力付諸實行。因此，如今每一項計劃都已縮小規模。當一群老師指出一個主題，全體成員會和經過嚴格訓練與監督的學生訪談員並肩合作，後者負責從其他學生的身上蒐集資料，以便實踐該項計劃。

魯登斯坦校長上任後，特別敦促小組優先探討三大主題：第一，哈佛大學裡日益多元的風貌，將對學生造成什麼樣的教育衝擊？校方要如何鼓勵學生，從這個嶄新的多元環境中學習，無論是課內或是課外的交流？其次，既然哈佛學子和許多住宿大學的學生一樣，有許多時間都是在宿舍裡度過的，那麼有什麼樣的提議或計劃，可以提升這部分的生活？第三，班級大小對於學生的學習狀況、課業投入程度，以及整體的大學經驗有多重要呢？這本書呈報了我們至今爲止對於這幾個主題的發現。

這三個問題的答案，當然都不是一成不變的。比方說，科技的進步與教學方法的創新，也許會以料想不到的方式，改變規模特小的班級、個別輔導課、專題研討課的價值。不管怎麼說，我都要跟讀者分享所有努力的緣由，好讓讀者能夠掌握這些結論的來龍去脈。這本書所提出的計劃構想，全是從學生、教職員與多位大學校長的身上得來的。

訪談的優點

一開始我們決定的重大方法，即是從深度訪談中蒐集資訊。在此我要特別說明側重訪談結果的重要性。假設某所大學的學生，被問到一個有關種族交流的問題；在一張問答形式的選單當中，我們請每位學生從這五個選項裡勾出一項：

0＝種族關係極糟。

1＝種族關係不良。

2＝種族關係普通。

3＝種族關係平順。

4＝種族關係極佳。

假如有三分之二的同學選的是「平順」，三分之一選擇「極佳」，而沒有人圈選其他選項，這樣一來，整體的平均值是三・三三。比照大部分學校所採用的績點，這個分數相當於B⁺。所以，試想一下地方報紙的頭條：「學生對校園種族關係的評分為B⁺」。這項數據是完全正確的，但卻隱隱傳達出種族關係並不十分理想的訊息。

相反地，假設這些結果純粹是由精確的文字表達出來：

沒有學生認為種族關係極糟。

沒有學生認為種族關係不良。

沒有學生認為種族關係普通。

三分之二的學生認為種族關係平順。

三分之一的學生認為種族關係極佳。

這將呈現出完全迥異的景象，所蘊含的語氣也不相同，而且會引發不同的詮釋方式。它說明了報告更多細節的重要性，而非只是概括性的統計而已。身爲一名專業統計人員的我，發現這種詳細的口頭報告，竟然會比概括性的指數，激發更清楚的說明，這眞是一件特別愉快的事。

我的同事十分醉心於一種稱爲「表面效度」（face validity）的概念。因此本書所呈報的發現，都是運用這個概念產生的。舉個具體例子來說，假設我們採用的主題是：有效的課程設計應包含哪些項目？有沒有哪些課程是學生表示收穫特別多，而且特別投入的？假如某位訪談員向兩百四十位學生請教這個問題，結果提出了幾個成效卓著的課程特徵，我們都會爲這個發現欣喜若狂。同事和我甚至會竭盡所能地將這些正面發現，納入我們的教學內容中。

現在假設有六位訪談員，包括一位教授和五位學生，經過縝密的計劃和訓練之後，每人各訪談了四十名學生。在獨立作業下，他們都詢問了有關特別有效的課程。假如這六位訪談員分別整理他們的結論，發現結果是一致的，那麼這些結論便具有重要的「表面效度」。可能這六位不同的訪談員，包括教授和學生雙方全都發現同樣的事，這件事大致上便算是正確無誤的。這也就是使用多名訪談員的一大好處。換言之，本書所呈現的結論，都不是來自任何人一廂情願的想法。

我的豐收

組織與領導本書中的研究，教會我看清許多這類評估行為中的機會與陷阱所在。其中也存在著一些爭議。我認為其他的大專院校，或許也會遭逢類似的經驗。在此，我要分享從這些評估當中所學到的七個教訓：

教員的進取精神是很重要的

在指揮評估計劃，以及改善教學、諮詢與學生生活的創新政策上，教職員都必須擔負起核心的角色。當我邀請其他二十五位大學的教職員，參與哈佛大學的評估座談會時，我最常問的問題便是：「這位老師有進取心嗎？他能設計這些調查嗎？」

這些問題讓我有些驚訝。我原本以爲答案是肯定的，但我卻漸漸了解，有許多老師擔心他們只會淪爲別人的研究助理。大部分的老師都很忙碌，他們的專業工作大半也與評估無關。然而，假如他們無法幫忙設計這些重要的問題，也無法主動發起一些有助於教學的計劃，那他們根本就沒有必要參加。

釐清評估的意義

調查大學教育的成效，特別是用到「評估」這個字眼時，對許多人來說，意指許多不同的意義。舉例來說，公立大學和私立大學教師彼此的觀點，多少有些出入。因此有越來越多的州議會，要求大學應該具備一套自我評估的具體程序和步驟。某些公立學校覺得自己是在槍口的威脅下，被迫執行大規模的標準測驗，以便評估「學生目前的知識」。

但這對私立學校來說，卻不是什麼驚天動地的問題，至少對那些前來參加本校評估研討會的代表們來說是如此。我的同仁不會將評估計劃視爲考核學生所學的一種測驗，而是把它定義成評量與改進當前計劃，然後鼓勵創新，接著再評估每項創新方法之有效性的一連串過程。其中有個重要的步驟，便是有系統地蒐集資訊，俾利於持續性的改進。另一方面也要時時留意如何幫助老師或學生，能夠更有效率。

教職員會帶來一些令人大開眼界的想法和建議。我們很快地認同，鼓吹課堂上與課外教學的創新，然後加以評估，是一件很重要的事。許多教職員汲汲於改善課堂上的教學，他們對於教學創新方法的嘗試特別有興趣。有些人則是在乏人介紹精巧的新興設備之下，兀自探索著如何加強教學效率。有些人儘管對新的技術躍躍欲試，但卻希望看到更令人信服的證據，以證明這樣的設備的確可以增進學習。另有一群人覺得，學生在表現上的最大進步，是來自於持續不斷地改善學術諮詢，而非來自課堂上的教學變革。

重要的是如何統合這些不同的觀點。這些觀點將可導致成果斐然的研究計劃。舉例來說，有位學術指導老師提供的建議，造就了學生小組運作的實驗。此外，許多高科技設備的愛用者訝異地發現，原來一些技術性不高的教學方法，也可以如此有效率。這些方法包括：一分鐘報告；將學生的小組活動情形攝錄下來，交由一位有經驗的督導員和每位學生一起觀看錄影帶。

邀請學生加入研究

起先，我沒有邀請任何學生參與這些評估研討會。由於大部分的老師每天已經花許多時間在學生身上，無論是教學或共事，因此我以為他們會較想把剩餘的時間留給其他同仁。這真是個天大的錯誤，錯得離譜。我們所有的工作——包括計劃、執行甚至建立研究計劃的重點——都因為學生的參與而更有聲有色。

學生非常積極進取。儘管一開始沒有人受邀參與，但我很快地接到詢問電話。這些電話源源不斷，有些是對高等教育有興趣的大四學生打來的，有些則是擅長統計學與研究設計的學生，還有一些大學生希望他們的論文能和了解與強化大學環境的主題有關。最後我終於明白，原來有許多學生對於研究大學政策，抱有相當高的興趣。他們也對於研究計劃的核心工作十分積極，例如訪談、資料蒐集、電腦分析等。

反過來說，教職員能提供這些學生兩項鼓勵：第一是微薄的補助，大部分的學生都需要這筆錢，而且衷心感謝；另一項鼓勵從長期的眼光來看，顯得較為重要，那便是接受教職員密集而審慎的督導。舉例來說，有十位學生自願與哈佛的大二學生進行深度訪談。他們的目標是探知：為什麼有些學生在大一那年便能一帆風順，其他學生儘管SAT的分數和高中的成績都和前者相當，但卻不怎麼順利。大衛・李斯曼（David Riesman）教授邀請這十位學生，連同幾位教員，到他家裡訓練了兩個晚上，目的是學會以可靠而有效的方式訪問大學生。有幾位學生訪談員之後告訴我，那兩晚在李斯曼家中和資深教員共事的經驗，不但非常受用，而且是他們在哈佛大學這幾年中最回味無窮的兩個夜晚。

經驗豐富的行政支援是有益處的

波克校長爲我們的研究提供了兩方面的支援。第一，他在一九八六年的年度報告中，公開讚揚校園研究和評估的做法，因而讓這項工作變得十分熱門。結果，忙得不可開交的教職員終於了解到，原來參與評估研究可以幫助他們形成未來的決策。

其次，波克校長將創始基金分配給這些研討會，由此做了清楚的宣示。這項援助不但使我們的研討會有了起頭、使學生助理得到資助，也使參與的貴賓有幾頓晚餐可以享用。回想起來，打從一開始，這筆基金便受到來自校長辦公室的高度重視。

魯登斯坦校長也一再聲明：支持多元環境的檢討，與長期研究大學生如何加強寫作能力。此處的重點可謂一目瞭然。那就是，校長的支持，尤其是財務上的支持，向全校師生強而有力地傳達了本項工作的重要性。

政策改變的目標

我們在初期會議所設定的一大目標是：「找出我們將面對的最大風險，以減少失敗的機率。」我們很快地指出一項風險，亦即：評估計劃若交由無關決策的人員執行，而他們只是將結論呈報給性質雷同的研究人員過目，那麼這些計劃恐將淪爲純粹的理論調查而已。爲了降低這個風險，我們鼓勵每項計劃不斷自我審問：「我們的研究所蘊含的政策是什麼？我們的結論可以如何促進學習（或是課程安排、意見諮詢，與學生服務等）？」

其他的學校或許可從我們的經驗中受益。蒐集確實可以改善教育的資料，是一件非常重要的事。最後，每一項工作的價值考量，則在於它能不能使教職員、行政人員與學生的努力整合起來，以創造眞正的革新。假如校內評估的進行只是爲了另一次的學術宣傳而已，那麼它的目標將非常有限。

創新妙法的宣傳策略

研究教學與多元環境的影響，一定會在校園裡受到衆人的矚目，致使這些正面的結論可以獲得廣泛的採納。在早期的會議中，有個例子便說明了這點。有次出席某會議的教員們，許多人都關注在創新教學的成果上。其中發現有個特別簡易的方法——「一分鐘報告」——能爲學生與老師雙方帶來莫大的助益。之後參加的幾位老師，都曾在自己的系所裡和其他同仁討論過這個方法。正因爲有許多老師了解我們這項校內研究，也知道研究的目的之一是鼓勵有用的教學工具，所以有一群接受度頗高的人正引頸期待著結果呢！

假如五位老師中的每一位，都個別提倡一項更新、更好的生物教學法，那麼院長或系主任會怎麼做呢？大部分學校的院長會向他們說聲：「祝你好運」，而且他們非常誠懇的。然後，等這五位老師在課堂裡試用他們的創新方法後，成功改善生物教學法的老師，便會獲得私下或是公開的獎勵。

我們的研究透露出一項重大的訊息，那就是，這樣的行政做法對於鼓勵持續且廣泛的革新來說是不夠的。假如這五位老師創新了五種不同的生物教學法，行政人員也許應該想到，這五種方法會比舊方法成功的機率是微乎其微。的確，假如其中有一個方法明顯比舊方法好上許多，行政人員就應該感到萬幸了。想要研發出比現行方法顯著優越的新教學法，畢竟不是一件容易的事。不少人對於如何有效教學已經殫思竭慮了許多年。假如每個新主意都相當成功的話，那倒是挺嚇人的。

所以說，假如我們對這五位力圖創新的老師，全都給予激勵、鼓舞，甚至獎勵，並向他們每位強調關鍵性的步驟之一，便是在評估每項新方法的有效性時，納入嚴肅與講求科學的原則，你說這樣是不是很合理呢？這樣做將傳達出校方重視創新過程與系統化評估過程的訊息。最重要的是，假如任何一項創新方法並沒有什麼了不起的成就，我們不應該感到訝異。因爲，藉由鼓勵創新和系統化的評估，任何一所學校都算是展開了一場持之以恆的改善之旅。

創造這樣的環境或許是一項挑戰。對大多數的老師來說，包括本人在內，皆很自然地認爲，唯有新的課程或新的教學法成效斐然時，才有必要強調它們。成功的感覺的確很美妙；但是得自哈佛大學的證據卻道出，我們有可能創造出一種氛圍，而把創新和評估當成一種過程加以鼓勵。這個過程可能失敗，也有可能成功。老師和行政人員都應該接受進兩步、退一步的可能性。不過，它也有可能會爲全體學生的教育策進，帶來驚天動地的推波助瀾之力。

謝辭

寫這本書有別於以往我所負責的任何一項工作，其最終得以完成，全要歸功於德瑞克・波克與奈爾・魯登斯坦這兩位哈佛大學校長給終堅定的支持。這兩位校長均貢獻了某些重大的想法，使本書更加活潑生動。

我在書中所描述的許多計劃，全是由超過二十四所大專院校的同仁們所提供的，十分感謝。此外，學生也在資料蒐集、進行訪問，以及分析結果等方面，扮演居功厥偉的角色。這本書可說是聚集了數十人力量的心血結晶，尤其是學生們。

我要特別向三十六位傑出的學生訪談員致上無比的謝忱。他們不但負責訪問其他同學，不時提供想法，更把他們的智慧、耐心與熱情，投入這場冒險之旅，此外還要幫忙資料的分析。我們的計劃若是少了他們，勢必無法實行。在本書中，我已經臚列出他們的貢獻。

湯瑪斯・安傑羅（Thomas Angelo）爲第一次計劃的籌辦，扮演關鍵性的角色。此外，湯瑪斯也擔任我們的助理指導，正由於他的發想，才有了我們最早期的結論。

與擔任哈佛大學出版社編輯的伊莉莎白・諾爾（Elizabeth Knoll）密切合作，特別愉快的地方在於，她對我的鞭策拿捏得恰到好處，使我可以充分發揮我的熱誠，而在她不屈不撓地堅持精確與清晰的原則下，使我沒有任何讓步的餘地。我很幸運，有她奉獻這麼多時間與精力在這項計劃上。

而負責原稿編輯的卡蜜兒・史密斯（Camille Smith）小姐，也有重大的貢獻。本書因她而有了顯著的改善，但仍無法盡述她的貢獻於萬一。我為哈佛大學出版社撰寫的三本書，全是由卡蜜兒負責編輯的。任何一位和她共事的作家，都將感到三生有幸。

此外，我也要感謝麥克・艾隆森（Michael Aronson），他為哈佛大學出版社籌劃這本書已有數年之久。他的堅毅不拔助益甚大，令我深表感激。

我的助理羅拉・米戴蘿絲（Laura Medeiros）小姐則在原稿的準備工作上，使我收穫甚多，此外她也是我電腦操作的固定諮詢對象。然而，她最大的貢獻在於一流的判斷力。在選擇哪些故事應納入本書的過程中，她提供絕佳的意見。而她的寶貴建議也有助於原稿盡善盡美。

在這十二年期間，有幾位哈佛大學院長鼓勵我廣泛地探索一些問題。他們願意檢討改善的空間，審視本校格外有力的領域，這樣的勇氣令人感佩。這些院長包括傑若米・

諾利斯（Jeremy Knowles）、哈利・李威斯（Harry Lewis）、依莉莎白・史達利・納森思（Elizabeth Studley Nathans）、威廉・費茲蒙思（William Fitzsimmons）等人，尤其是阿奇・艾帕思（Archie Epps）。

來自安德魯・麥隆基金會（Andrew W. Mellon Foundations）、一個匿名基金會，以及哈佛大學校長自決基金等單位在財務上的大力襄助，對於近乎長達十五年的研究來說，是非常重要的支持。尤其是麥隆基金會更提供了兩項長期的獎助金，使本計劃得以持續努力下去。我要衷心感謝這些慷慨解囊的個人與團體。最後，本書的版稅將悉數捐贈為大學生獎學金之用。

參考書目

Angelo, T. A. Assessing what matters: How participation in work, athletics and extracurriculars relates to the academic success and personal satisfaction of Harvard undergraduates. A first report on the Harvard Assessment Seminars' 1988 interview study. 1989.

Bok, D. C. The president's report: 1984–1985. February 1986. Available from the Office of the President, Harvard University, Massachusetts Hall, Cambridge, MA 02138.

Buchanan, C. H., G. Feletti, C. Krupnick, G. Lowery, J. McLaughlin, D. Riesman, B. Snyder, and J. Wu. The impact of Harvard College on freshman learning. A pilot study conducted in the Harvard Seminar on Assessment, 1990.

Bushey, B. The Moral Reasoning 30 sectioning experiment. Presented at the Harvard Assessment Seminars, April 10, 1989. Available from the Harvard Assessment Seminars, Graduate School of Education, Cambridge, MA 02138.

———. Writing improvement in the Harvard Expository Writing Program: Policy recommendations, suggestions for faculty, and suggestions for students. Policy report presented to President Bok, May 1991, on behalf of the Harvard Assessment Seminars.

———. What helps weak writers learn to write better: A pilot study in the Harvard Expository Writing Program. Doctoral dissertation, Harvard Graduate School of Education, 1991.

Carmichael, D. Diversity and the analytical toolbox: Learning to take advantage of our differences. Policy analysis exercise, Kennedy School of Government, Harvard University, April 14, 1993.

Chen, Shu-Ling. First-year students' opinions of ethnic diversity at Harvard. Completed for the Harvard Assessment Seminars Diversity Project, July 1996.

Civian, J. Summary of student responses regarding foreign languages. Prepared for the Harvard Assessment Seminars, July 1989.

Clark, A. R. Examining Harvard/Radcliffe undergraduate tutorials: A pilot study. Enhancing the success of tutorials: Suggestions for tutors and for students. Prepared for the Harvard Assessment Seminars, Fall 1992.

———. House academic life: Impressions and suggestions from seventy-seven undergraduates. Prepared for the Harvard Assessment Seminars, 1993.

Committee on Undergraduate Education. Course evaluation guide. Frederick S. Chung, editor-in-chief. Produced by Harvard College undergraduates under guidelines set by the Committee on Undergraduate Education, 1990–1991.

Dushay, J. Women, men, and the natural sciences and math at Harvard/Radcliffe. A pilot study. Paper for Seminar on Assessment, May 1991.

Eisenmann, A. M. Assessing personal satisfaction and academic success in the freshman year at Harvard/Radcliffe: A look at academic experiences, faculty/student interaction, and advising. Harvard Assessment Seminars, May 1989. Available from Office of the Dean for Student Affairs, 84 Massachusetts Avenue, Massachusetts Institute of Technology, Cambridge, MA 02139.

Eng, R. Asian-American students: Confucianism and morality. Qualifying paper submitted to the Harvard Graduate School of Education, December 1992.

———. Road to virtue: The moral world of Chinese and Korean-American students. Doctoral dissertation, Harvard Graduate School of Education, 1994.

Fadiman, Anne. Procrustes and the culture wars. Phi Beta Kappa oration delivered June 3, 1997, Harvard University.

Fincke, A. J. The impact of diversity on the experience of Harvard undergraduates: A report of findings from 50 in-depth, one-to-one interviews. Completed for the Harvard Assessment Seminars Diversity Project, 1997–1998.

Fulkerson, F. E., and G. Martin. Effects of exam frequency on student performance, evaluations of instructors, and test anxiety. *Teaching of Psychology* 8 (1981): 90–93.

Gates, Henry Louis, Jr. The ethics of identity. Essay sent to incoming students, Harvard College, summer 2000.

Gilbert, J. P., R. J. Light, and F. Mosteller. Assessing social innovation: an empirical base for policy. In C. A. Bennett and A. A. Lumsdaine, eds., *Evaluation and Experiment* (New York: Academic Press, 1975).

Goldhaber, S. The impact of religious diversity on student experiences: Findings from 40 one-on-one interviews with observant Catholic, Protestant, Jewish, and Muslim Harvard undergraduates. Completed for the Harvard Assessment Seminars Diversity Project, 1997–1998.

Hokanson, K. Preliminary results of satisfaction ratings: Comparison of alumni and undergraduate responses. Presented to the Harvard Assessment Seminars, April 10, 1989. Available from the Harvard Assessment Seminars, Graduate School of Education, Cambridge, MA 02138.

———. Preliminary results from the foreign language section of the young alumni survey. Presented to the Harvard Assessment Seminars, April 10, 1989.

Homer, M. The Mellon Program for mentored research grants: An evaluation. Harvard Office of Student Employment, 1992.

Homer, M., and N. Kim. The Ford Program for undergraduate research: A survey of 1988 and 1989 Ford Grant recipients. Harvard Office of Student Employment, 1993.

Klein, M. Problem sets in introductory math and science classes at Harvard College: Observations, policy recommendations, and suggestions for faculty and students. Prepared for the Harvard Assessment Seminars, 1992.

Korn, L. M. Harvard students' strategies of self-presentation: minimizing the impression of academic competence for a peer audience. Undergraduate honors thesis, Department of Psychology, Harvard University, April 1993.

Lewis, D. M. A study of persistence in the sciences. Doctoral dissertation, Harvard Graduate School of Education, 1994.

Light, K. W. Analyzing freshman time-use to improve freshman advising at Harvard. Doctoral dissertation, Harvard Graduate School of Education, 1991.

Light, R. J. The Harvard Assessment Seminars: First report. Explorations with students and faculty about teaching, learning, and student life. 1990.

———. The Harvard Assessment Seminars: Second report. Explorations with students and faculty about teaching, learning, and student life. 1992.

Light, R. J., J. D. Singer, and J. B. Willett. *By Design: Planning Research on Higher Education.* Cambridge, MA: Harvard University Press, 1990.

Magnani, C. The Radcliffe Research Partnership Program: An evaluation of its effectiveness in mentoring women students. Report prepared for the Dean of Radcliffe College and the Harvard Assessment Seminars, 1992.

Merrow, S. Reflections on academic mentoring and partnership relationships: An evaluative study of the 1993–1994 Radcliffe Research Partnership Program. Prepared for the Harvard Assessment Seminars, May 1994.

Middleton, M. Adjusting expectations during the freshman year: A survey of Harvard and Radcliffe freshmen with suggestions for their instructors. 1993.

Mosteller, F. The muddiest point in the lecture as a feedback device. *On Teaching and Learning* 3 (April 1989): 10–21.

Nguyen, Thanh. A evaluation of the Radcliffe Research Partners Program. Prepared for the Dean of Radcliffe College and the Harvard Assessment Seminars, 1994.

Pillemer, D. B., L. R. Goldsmith, A. T. Panter, and S. H. White. Very long-term memories of the first year in college. *Journal of Experimental Psychology: Learning, Memory and Cognition* 14 (1988): 709–715.

Pillemer, D. B., E. Rhinehart, and S. H. White. Memories of life transitions: The first year in college. *Human Learning* 5 (1986): 109–123.

Sachs, J. The role of arts activities in Harvard undergraduates' lives. Prepared for the Harvard Assessment Seminars, 1994.

Shlipak, A. M. Engineering and physics as cultural systems: Impressions of science students at Harvard/Radcliffe. Undergraduate honors thesis, Department of Anthropology, Harvard University, 1988.

Sommers, N. A study of undergraduate writing at Harvard. Prepared by the director of the Harvard Expository Writing Program, 1994.

Steinglass, E. E. The multiple roles of teaching fellows in undergraduate writing. Prepared for the Expository Writing Program, 1993.

Ware, N., N. Steckler, and J. Leserman. Undergraduate women: Who chooses a science major? *Journal of Higher Education* 56 (January/February 1985): 73–84.

Weiss, L. The effects of part-time work and intercollegiate athletics on students' perceptions of their experiences at Harvard College: Recommendations for policy. Undergraduate honors thesis, Department of Sociology, Harvard University, 1988.

———. High-impact experiences and Harvard College undergraduates. A study supported by the Harvard Seminar on Assessment, January 1988.

Wilson, R. C. Improving faculty teaching: Effective use of student evaluations and consultants. *Journal of Higher Education* 57 (March/April 1986): 196–211.

Worth, R. Relationships among admissions credentials, the college experience, and postgraduate outcomes: A survey of the Harvard/Radcliffe classes of 1977. Doctoral dissertation, Harvard Graduate School of Education, 1990.

內容簡介：

爲什麼有些學生可以左右逢源地善用大學生活？而有些學生則顯得左支右絀，回首來時路，竟發現自己老是趕不上進度、或與機會失之交臂？

學子們可以擁有什麼樣的選擇？而老師和大學裡的領導者，又各有什麼樣的法寶，可以幫助更多的學生，改善他們的大學經驗，並使學生所投入的時間與金錢，得到最大的收穫？

更重要的是，大學校園裡日益繽紛的多元樣貌——無論是在文化、種族與宗教上所綻放的奇花異果——對於教育工作來說，到底產生什麼樣的影響？而學生和教職員應該如何應對，以從這些五花八門的差異當中，甚至是在那些無可避免的誤解與尷尬場面發生時獲益和學習呢？

汲取十年來與哈佛大四的學生訪談的經驗，作者理查・萊特已爲這幾個基本的問題，焠煉出令人振奮且實用的答案。

學生要如何聰明地選課呢？最好的學習方法是什麼？爲什麼有些教授可以點石成金，而有些教授則只會冷眼旁觀呢？要如何將課堂上的學習，和生活上的所見所聞結合呢？我們略舉萊特先生的建議如下：

- 與他人共同學習，比孤軍奮戰更有成效。
- 學會時間管理是最首要、也最重要的技能。
- 個別指導的獨立式研究與工作實習，往往能帶來豐富的學習與刺激的挑戰。

‧和來自不同地區的學生交流，是一種學習，也是最豐碩的體驗。

一籮筐的具體建議，佐以學生們充滿迷惘、挫敗、發現與希望的眞實故事，使本書成爲追求學術及個人成就上不可多得的指南。

作者簡介：

理查‧萊特（Richard L. Light）

現任哈佛大學教育學院暨甘迺迪政府學院教授。

與另一位哈佛教授合著有《計劃與總結》一書，並曾獲頒多項教育殊榮。

譯者簡介：

趙婉君

台大外文系畢業。曾譯《榮格與占星學》等書。

校對：

李鳳珠

台灣大學中文系畢業，資深校對。

責任編輯：

馬興國

中興大學社會系畢業；資深編輯。

國家圖書館出版品預行編目資料

哈佛名師教你如何讀大學
／理查．萊特（Richard J. Light）著；趙婉君譯
二版.－新北市新店區：立緒文化，民 104.07
面；　公分.(大學堂叢書；4)
譯自：Making the Most of College：
students speak their minds
ISBN 978-986-360-041-1（平裝）
1.大學生 2.生活指導

525.619　　104011211

哈佛名師教你如何讀大學
（原書名：哈佛經驗：如何讀大學）

出版——立緒文化事業有限公司（於中華民國 84 年元月由郝碧蓮、鍾惠民創辦）
作者——理查．萊特（Richard J. Light）
譯者——趙婉君

發行人——郝碧蓮
顧問——鍾惠民

地址——新北市新店區中央六街 62 號 1 樓
電話——(02)22192173
傳真——(02)22194998
E-Mail Address: service@ncp.com.tw
網址：http://www.ncp.com.tw
劃撥帳號——1839142-0 號　立緒文化事業有限公司帳戶
行政院新聞局局版臺業字第 6426 號

總經銷——大和書報圖書股份有限公司
電話——(02)8990-2588　傳真——(02)2290-1658
地址——新北市新莊區五工五路 2 號
排版——伊甸社會福利基金會附設電腦排版
印刷——祥新印刷股份有限公司

法律顧問——敦旭法律事務所吳展旭律師

分類號碼——525.619
ISBN 978-957-0411-54-6
出版日期——中華民國 91 年 5 月～100 年 11 月初版　一～十七刷(1～30,500)
　　　　　中華民國 104 年 7 月二版　一刷(1～1,200)

定價◎300 元

立緒文化事業有限公司　信用卡申購單

■信用卡資料

信用卡別（請勾選下列任何一種）

□VISA　□MASTER CARD　□JCB　□聯合信用卡

卡號：________________

信用卡有效期限：______年______月

訂購總金額：________________

持卡人簽名：________________（與信用卡簽名同）

訂購日期：______年______月______日

所持信用卡銀行________________

授權號碼：________________（請勿填寫）

■訂購人姓名：________________性別：□男□女

出生日期：______年______月______日

學歷：□大學以上□大專□高中職□國中

電話：________________職業：________________

寄書地址：□□□

____

■開立三聯式發票：□需要　□不需要（以下免填）

發票抬頭：________________

統一編號：________________

發票地址：________________

■訂購書目：

書名：________、______本。書名：________、______本。

書名：________、______本。書名：________、______本。

書名：________、______本。書名：________、______本。

共________本，總金額________元。

⊙請詳細填寫後，影印放大傳真或郵寄至本公司，傳真電話：(02)2219-4998

大都文化 閱讀卡

姓　名：

地　址：□□□

電　話：(　　)　　　　傳眞：(　　)

E-mail：

您購買的書名：________________________________

購書書店：__________市（縣）________________書店

■您習慣以何種方式購書？

□逛書店 □劃撥郵購 □電話訂購 □傳真訂購 □銷售人員推薦

□團體訂購 □網路訂購 □讀書會 □演講活動 □其他________

■您從何處得知本書消息？

□書店 □報章雜誌 □廣播節目 □電視節目 □銷售人員推薦

□師友介紹 □廣告信函 □書訊 □網路 □其他__________

■您的基本資料：

性別：□男 □女　婚姻：□已婚 □未婚　年齡：民國_______年次

職業：□製造業 □銷售業 □金融業 □資訊業 □學生

□大眾傳播 □自由業 □服務業 □軍警 □公 □教 □家管

□其他 ________________________________

教育程度：□高中以下 □專科 □大學 □研究所及以上

建議事項：

愛戀智慧 閱讀大師

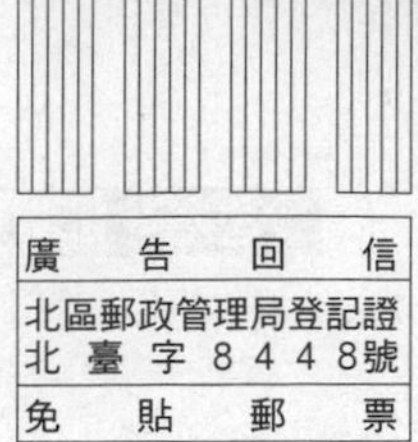

立緒文化事業有限公司　收

新北市 2 3 1

新店區中央六街62號一樓

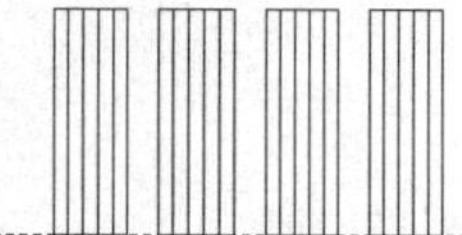

請沿虛線摺下裝訂，謝謝！

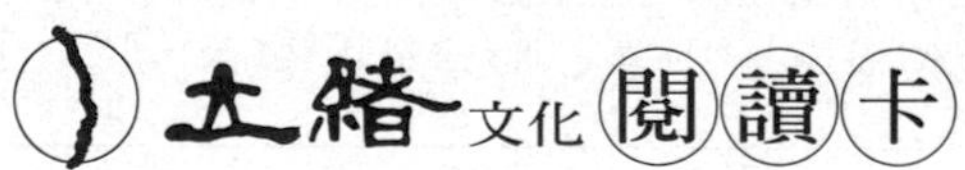

感謝您購買立緒文化的書籍

為提供讀者更好的服務，現在填妥各項資訊，寄回閱讀卡（免貼郵票），或者歡迎上網至http://www.ncp.com.tw，加入立緒文化會員，可享購書優惠折扣和每月新書訊息。